PRESENTACIÓN

Este libro verdaderamente brillante sobre negocios enfocado en una relación íntegra se puede aplicar fácilmente a toda la vasta variedad de interacciones humanas. Nuestras relaciones contienen los colores de nuestras vidas: parental, de amistad, de negocios, comunitaria, matrimonial, etc. Lee con marcador en mano para después volver pasar más tiempo en lo que has subrayado. Cada uno de nosotros tiene un deseo profundo y motivador de verse como un ser humano integrado y con éxito y este libro es de gran ayuda para mostrarnos cómo lograrlo.

Wm. Paul Young
Autor de *La Cabaña*

Un Negocio de Honor es un libro con el que me identifico por completo. ¿Por qué? Porque soy un firme creyente de que los líderes deberían servir primero y liderar después. Cuando los líderes son humildes y vulnerables delante de los demás, se crea un vínculo de confianza por ambas partes. Cuando las personas se ven empoderadas para traer sus cerebros al trabajo, se sienten valoradas y seguras, sus relaciones florecen y hay resultados que lo demuestran. Bob Hasson y Danny Silk están en lo cierto cuando dicen, "la confianza, la seguridad y el sentimiento de pertenencia son el fruto de un buen servicio". Lee este libro, aplica sus lecciones y serás un líder mejor.

Ken Blanchard
Coautor de *The New One Minute Manager* **y editor adjunto de**
Servant Leadership in Action

UN NEGOCIO DE
HONOR

---

*Restaurando el
Corazón de
los Negocios*

BOB HASSON
con DANNY SILK

PÁGINA LEGAL

DEDICATORIA

Lauren Hamilton Hasson
Tu amor transformó mi vida corriente en una extraordinaria.
Gracias por haber creído siempre
lo mejor de mí.

David y Natthanit (¡y bebe Elias!)
Kyler, Isabella y Sophia
Cada uno es un ser humano impresionante, y lo considero
un privilegio poder ser su padre y amigo.

Estoy tan orgulloso de cada uno.

ÍNDICE

RECONOCIMIENTOS

Danny Silk – Se creó una conexión sobrenatural cuando Lauren me llevó para que te conociera en Redding. (¿Cuántas veces te dice tu esposa, "Tienes que conocer a este tipo", que llegue a funcionar?). A lo largo de los años, nos hemos enamorado de la familia el uno del otro, hemos viajado, trabajado e ido de vacaciones juntos. Viste algo en mí que yo no podía ver y me animaste a arriesgarme para ir tras ello. Yo vi algo en ti como visionario en los negocios y agente de cambio en la cultura. Fuimos capaces de hablarnos de manera segura para traer fortaleza a las áreas débiles de nuestras vidas. Este proyecto de libro surgió después de un gran cambio en mi vida y de que tu ministerio se expandiese en cada dimensión. Mi meta es que nuestros lectores puedan empezar a experimentar libertad en las relaciones tal como nosotros la hemos experimentado en la nuestra.

Allison Armerding – Allie, ¡tú has escrito este libro! Este proyecto requería determinación, voluntad, creatividad y tiempo para trabajar con Danny y conmigo uniendo nuestros pensamientos en un manuscrito coherente. (Para el lector, Allie es escritora, coach de escritores, editora y un genio. Si necesitas ayuda con tu proyecto como nos pasó a nosotros, visita www.allisonarmerding.com).

Lewis Silverberg – Tío Lew, gracias por tu sentido del humor, honestidad, influencia, sabiduría y dedicación hacia mí durante toda mi vida, al igual que hacia mi familia y negocio. Tu amor, aceptación y corrección me han moldeado en la persona que soy hoy. Eres responsable de mí, aunque yo siga manteniendo mis opciones abiertas.

Willis Hamilton – Aún recuerdo estar en ese grupo de hombres al poco de haberme casado con tu hija cuando alguien te preguntó qué pensabas de tu nuevo yerno. Tras unos momentos, respondiste, "Es un sentimiento parecido al de darle un violín Stradivarius de incalculable valor... a un gorila". Willie, sabía que me estaba casando con la joven correcta, pero tu amistad fue un regalo tan inesperado de Dios. Gracias por tu sentido del humor, sabiduría y amor por mí. Y a la gran mujer que hay detrás de ti, Will: Jackie, que es mi suegra favorita.

Don Williams – Pastor Don, "El Proceso de la Crisis", "La Batalla que Abre Camino" y "Las Relaciones son lo Único que Importa" fueron tres de tus sermones y enseñanzas que más me influyeron. Este libro es el resultado de haber entendido y vuelto a esas verdades una y otra vez. Pero fue tu fidelidad para con tu llamado de siempre honrar tu palabra y así seguir estando presente y tu fidelidad hacia mí, Lauren y nuestra familia que dio forma a mi manera de entender el pacto.

En la vida, el hecho de tener a alguien que me llame "amigo" es el mayor cumplido. Me siento bendecido de tener un grupo de amigos queridos, saben quién son, y quiero reconocer que cada uno ha depositado en mi vida un amor, una riqueza, una alegría y una sabiduría tan grandes. Me sobrecoge la manera en la que se conducen, viven sus vidas y pelean por su fe, las relaciones en sus familias, amigos y negocios. ¡Gracias!

INTRODUCTION
Por Danny Silk

Publiqué *Cultura de Honor* en 2009. Desde entonces, he viajado por el mundo enseñando a las personas a crear culturas que edifican, sanan y protegen las relaciones tanto sobrenaturales como naturales. Las interacciones entre Dios y el hombre tienen unas normas particulares de compromiso que nos ayudan a tener éxito. Dios requiere que ajustemos lo que surge de nosotros de forma natural (el temor y el egoísmo) para basar nuestras decisiones en la fe, la esperanza y el amor. Estos ajustes personales del corazón producen patrones de pensamiento sobrenaturales que transforman nuestras relaciones y nos permiten crear una cultura relacional del cielo. Sacamos nuestras creencias más profundas a la luz cuando nos arriesgamos, tomamos decisiones y movilizamos nuestro equipo hacia nuestra misión. Nuestra gente experimenta estas creencias a través de nuestro liderazgo o influencia en la cultura. Jesús lo expresó de la siguiente forma: "El que me ha visto a mí, ha visto al Padre" [1]. Ya seamos padres, empresarios, pastores o maestros, cuando lideramos, nuestra gente ve a "nuestro Padre".

"¿Cuándo vas a escribir un libro sobre la cultura de honor en los negocios?" No sé cuántas veces he oído esta pregunta después de haber enseñado en una conferencia o en un entorno eclesial. Las personas quieren saber cómo sacar estas lecciones fuera de las paredes de la iglesia y ponerlas en práctica en sus vidas diarias. Mi respuesta siempre es, "No soy un hombre de negocios. Esperaré a que alguien que sepa hacer esto en el mundo de los negocios y que sea esta la persona que lo escriba". Y entonces Bob Hasson entró en mi vida.

---

1 1 Juan 14:9

Conozco a un gran número de personas que son líderes en el mundo de los negocios. Muchos de ellos son amigos míos. Pero pocos se han integrado tan rápidamente en mi vida y familia como lo ha hecho Bob. Desde la primera vez que nos vimos en 2013, nos hicimos grandes amigos. Solo he tenido un par de "colegas" en toda mi vida (personas que disfrutan de lo mismo que yo por lo que pasar tiempo con ellas es alimento para mi alma), así que sé que son un regalo precioso de Dios. En este relativamente corto espacio de tiempo juntos, nuestras familias se nos han hecho "queridas". Tenemos lo que solo podría describir como "algo de Dios" para explicar nuestra cercanía. Bob y yo hemos viajado a Europa, Asia, América del Norte y Central. Hemos ministrado, ido de vacaciones y "pasado el tiempo" juntos. Nuestros años juntos parecen haber parado el tiempo por lo bien que hemos llegado a conocernos el uno al otro.

Cuando él se presenta en un entorno ministerial, Bob siempre dice algo que no ayuda nada como, "Soy pintor". Yo hago una mueca de incredulidad y digo a la audiencia, "No como estás pensando. No está pintando bodegones en un lienzo. Uno de sus equipos está pintando LAX". He aprendido cosas sobre su mundo como hombre de familia, líder y "pintor" de éxito. He aprendido sobre su amor por Dios y la iglesia. Cuando consideré escribir *Un Negocio de Honor* con él, supe que éste era "el tipo" que podía encajar en este puesto. Está viviendo este libro.

Los negocios tienen la reputación de poner "el beneficio primero y las personas después". La cultura de los grandes entornos corporativos es de mucha ansiedad, mucha competición y la supervivencia del más adecuado. Cuanto más grande el negocio, más intensa la cultura corporativa. Cuanto más se manifiesta la cultura corporativa, menos se involucra el honor. Este libro pretende desafiar este patrón y crear una senda para que los empresarios tengan éxito a la hora de presentar tanto el beneficio como el honor.

Todos hemos tenido experiencias que nos han creado dudas como: ¿Por qué tantos entornos corporativos están impulsados por la ansiedad? ¿Por qué luchan los miembros de un equipo por entenderse entre sí y funcionar como una unidad conexa? ¿Por qué tantas personas que se llaman a sí mismas cristianas actúan de manera inconsistente con los valores que dicen tener y justifican el hecho de liderar sin honor? ¿Cómo es que algunos líderes tienen éxito a la hora de mostrar el Padre al mundo? ¿Qué hace que las personas de honor tengan mano en los negocios? ¿Qué ocurre cuando las personas prosperan en un negocio con una cultura de honor, amor y seguridad? Las respuestas a estas preguntas viven en nuestras creencias.

Este libro, en realidad, trata del corazón. La esperanza es que los corazones de los lectores se alineen con quién son como hijos e hijas de un Padre amante. "El cielo en la tierra" es una oración que Jesús nos enseñó a esperar y creer. La cultura del cielo se centra en nuestro Padre. Cuando nuestro Padre está en el centro, vemos fruto que fluye de las personas que tienen una relación correcta con ellas mismas y con los demás. El hecho de entender esto puede llevarnos a vivir de tal forma que empecemos a reproducir la cultura del cielo en nuestros negocios, iglesias y hogares. A medida que los demás se ven inspirados y animados a seguir la senda de la sanidad y la confianza, creo que verán una transformación en la cultura que o lideran o viven.

¡Las personas transformadas transforman la sociedad!

Capítulo 1

HISTORIA DE DOS CULTURAS DE NEGOCIOS

En agosto de 2001, dos compañías cerraron un acuerdo. El acuerdo en sí mismo no era digno de mención, pero las compañías sí. A simple vista, estas compañías tenían muchas cosas en común. Ambas tenían éxito, eran respetadas y famosas (una por sus productos excelentes y apreciados y la otra por su celo e innovación visionaria). Cada compañía valoraba y empoderaba a líderes inteligentes, de pensamiento vanguardista y que trabajasen arduamente. Cada una había sido fundada por filántropos cristianos que querían establecer empresas que tuvieran un impacto positivo en el mundo. Cada uno de ellos se había convertido en una pieza importante en la economía global, con unos ingresos de billones de dólares.

Más allá de estas similitudes, sin embargo, estas compañías eran tremendamente diferentes. Una de las diferencias más obvias era que la primera compañía, aunque con menor nivel de ingresos, era mucho más antigua. Se había fundado dieciséis años antes de que los Estados Unidos hubieran proclamado su independencia de Inglaterra, mientras que las segunda compañía tenía no más de dieciséis años (e, incidentalmente, estaba en el puesto 16 de la lista global de 500 de la revista Fortune en 2001). Esto significaba que la primera compañía se había enfrentado a obstáculos sin número -guerras, hambrunas,

1

revueltas- y había mantenido sus productos en demanda durante más de doscientos años. La segunda compañía, por otra parte, solo había sobrevivido a un contratiempo económico importante (el descalabro del mercado de valores de 1987) cuando solo llevaba dos años de vida. Aunque sus ingresos dejaron a la primera compañía en pañales en 2001, todavía tenía que demostrar de manera definitiva su resistencia y longevidad.

Para cuando se llegó a este acuerdo, casi nadie sabía (o, al menos, no estaba dispuesto a admitir) que la segunda compañía estaba al borde de la mayor crisis a la que jamás se había enfrentado, una tormenta perfecta formada principalmente por sus decisiones empresariales profundamente erradas y exacerbada por una burbuja ".com" a punto de explotar además de los inminentes ataques del 11 de septiembre. En el último trimestre de 2001, el mundo observó mientras la verdad sobre esta compañía salía a la luz. No estaba preparada para enfrentar la tormenta, de hecho, estaba tan comprometida que se hundió como el Titanic. Para principios de diciembre, se declaró en bancarrota. Su trato con la primera compañía se convertiría en uno de los últimos que jamás haría.

El nombre de esta segunda compañía era Enron, un nombre que a día de hoy perdura como sinónimo de escándalo corporativo, la caída de los poderosos y el estilo catastrófico de un crecimiento basado en la deuda, en una seguridad estructurada de manera engañosa y una contabilidad fraudulenta que se extendería como un cáncer por el mundo corporativo y financiero durante la primera década de este milenio, dando así paso a la crisis financiera global del 2008. Como argumentan Bethany McClean y Peter Elkind en su relato definitivo del colapso de Enron, Los Chicos Más Listos de la Sala:

> Enron sigue siendo la definición de escándalo del siglo XXI. Ninguno de esos otros escándalos tuvieron el poder de permanencia, ni la cualidad de canario en la mina de carbón, de Enron. Esto se debe en parte a que ninguna otra compañía moderna, anterior de la crisis financiera del 2008, alardeaba de su reputación como Enron. Pero también debido a que casi todo lo que descubrimos después sobre cómo actuó Enron se

convirtió en un precursor de los escándalos que estaban por venir.[1]

Muchas compañías, empleados, inversores y accionistas sufrieron un serio perjuicio colateral a causa de la caída de Enron. La primera compañía, sin embargo, no fue una de ellas. Pulcramente transfirieron su trato de quince años con Enron a otro agente de energía, RWE Solutions, que empezó a abastecer a sus tres subcontratas más grandes en el Reino Unido: la cervecería Park Royal en Londres, y las cervecerías Dundalk y St. James Gate en Dublín, Irlanda. Hoy en día, la primera compañía, Guinness, sigue siendo una de las marcas más populares y apreciadas en el mundo y parece poco probable que desaparezca en un futuro cercano.

UN ESTUDIO EN CONTRASTES

Cuando descubrí que Enron y Guinness habían cerrado este acuerdo que nunca llegó a su culminación (McClean y Elkind hablan brevemente de esto en su libro), no pude evitar encontrarlo fascinante, sencillamente porque las historias de estas dos compañías ya habían formado una historia de moralidad de forma conjunta en mi mente sobre la cultura de los negocios. Meses antes de leer The Smartest Guys in the Room, había leído el libro de Stephen Mansfield La Búsqueda de Dios y la Guinness, y me había visto inspirado por la extraordinaria historia de la compañía Guinness y por su legado. Las diferencias tan evidentes entre ese relato y la historia de McClean y Elkind sobre Enron produjo un estudio en contrastes; no tanto un estudio sobre qué hacer y qué no en los negocios, sino un estudio sobre quién ser y quién no ser en los negocios, y sobre cómo quién eres influye y crea la cultura de los negocios. No pasó mucho tiempo antes de que me diera cuenta de que este estudio podría ser una forma eficaz de presentar el tema de este libro, el honor en los negocios, y de pintar el cuadro de lo que, a fin

1 Bethany McClean y Peter Elkind, *The Smartest Guys in the Room*, (Nueva York: Penguin Group, 2013), edición Kindle, 97-100.

de cuentas, está en juego a la hora de ser personas de honor que pueden construir negocios y culturas de negocios de honor.

En caso de que no estés familiarizado con ellas, voy a resumir las historias de Guinness y Enron relatadas en estos dos excelentes libros, empezando por la compañía que sigue en pie en la actualidad.

GUINNESS: CONSTRUYENDO UN LEGADO FAMILIAR A LO LARGO DE LOS SIGLOS

La historia de la compañía Guinness es la historia de una familia. Aunque la compañía dejó de estar en las manos de los miembros de la familia Guinness en la década de los 90, la dinastía Guinness es responsable de construir la marca global perdurable que sigue siendo en la actualidad. No solo fue capaz cada generación de hijos varones Guinness de seguir con la tradición de hacer una gran cerveza y de hacer que la compañía creciera, sino que también preservaron los valores de generosidad, integridad y responsabilidad social sostenidos por su patriarca y fundador, Arthur Guinness. Pocas compañías hoy pueden enorgullecerse de tener un legado así.

La tradición de padres a hijos de la elaboración de cerveza en la familia Guinness (cuyo lema era Spes mea in Deo, "Mi esperanza está en Dios") comenzó con Arthur y su padre, Richard, que gestionaba las propiedades de un arzobispo de la Iglesia de Irlanda. El arzobispo, que era padrino de Arthur, le legó 100 libras (el salario de cuatro años) en 1755, que rápidamente invirtió en una empresa cervecera. Cuatro años después, se mudó a Dublín y se hizo con un arrendamiento de 9.000 años para la cervecería en St. James Gate. Al final de la vida de Arthur, la cervecería Guinness se había convertido en "el negocio más grande en Irlanda"[2].

Como todo propietario de un negocio sabe, levantar con éxito un negocio desde la nada requiere que haya una gran dedicación y mucho trabajo duro, que deben verse motivados por un inspirador "por qué". La evidencia de los logros empresarios de Arthur Guinness sugiere

---

2 Stephen Mansfield, *La Búsqueda de Dios y de Guinness* (Nashville, TN: Thomas Nelson, 2009), Edición Kindle, 59.

que este "por qué" estaba totalmente conectado con sus convicciones espirituales y morales. En primer lugar, y de manera prioritaria, estaba el hecho de que en este punto de la historia, elaborar cerveza se consideraba un bien social y moral. La gente solía ver la cerveza como una de las bebidas más sanas. En este momento de la historia de Irlanda, el agua estaba llena de agentes contaminantes portadores de enfermedades. La cerveza era más pura que el agua ya que tanto el proceso de elaboración como el alcohol mataban los contaminantes presentes en el agua, además de ser menos embriagante que los licores fuertes. Tanto Inglaterra como Irlanda vieron cómo "la Moda de la Ginebra" sembraba el caos en la sociedad durante el siglo XVIII, y es probable que Guinness "sintiese un mandato moral"[3] al dedicar su vida a elaborar cerveza como una mejor alternativa. Hacia el final de su vida, nunca dejó de experimentar, innovar y perfeccionar la que se convertiría en "la cerveza cuya elaboración ininterrumpida la convierte en la más antigua del mundo"[4].

Las demás empresas de Arthur también estaban dirigidas a mejorar las condiciones materiales y espirituales de su ciudad. Una de sus influencias espirituales fue John Wesley, que "predicaba tanto las virtudes como las responsabilidades de la riqueza. 'Debemos exhortar a todos los cristianos a que obtengan todo lo que puedan y ahorren todo lo que puedan; esto es, de hecho, hacerse rico', insistió Wesley... permitir que el varón cristiano 'diera todo lo que pudiera a los necesitados'"[5]. Arthur Guinness desde luego que persiguió ambos objetivos al hacer todo lo posible para que su cervecería fuese rentable y al utilizar esos beneficios para beneficiar a su ciudad. Sirvió en juntas hospitalarias, en agencias de reforma del bienestar social y en una organización para terminar con la práctica de los duelos. También fundó en persona y lanzó las primeras escuelas dominicales en Dublín que ofrecieron educación para niños tanto protestantes como católicos.

Tras su muerte en 1803, el hijo de Arthur con igual nombre, Arthur Guinness II, que había trabajado como aprendiz de Arthur durante una década, le sucedió como propietario de la cervecería. (Todos los cerveceros Guinness fueron aprendices bajo sus padres, a

---

3 Stephen Mansfield, *La Búsqueda de Dios y de Guinness*, 51
4 Stephen Mansfield, *La Búsqueda de Dios y de Guinness*, 71
5 Stephen Mansfield, *La Búsqueda de Dios y de Guinness*, 63

veces durante más años de los que luego llegaran a llevar el negocio). Aunque solo estuvo al frente durante diecisiete años antes de pasar el testigo a su hijo Benjamín, el segundo Arthur diseñó la expansión masiva de la compañía a los mercados en el Reino Unido, Europa, las Indias Occidentales y África. Una vez dejó el negocio cervecero, siguió sirviendo en una amplia gama de organizaciones benéficas y dio vida a los esfuerzos de la familia por aliviar el sufrimiento causado por la hambruna de la patata en 1848.

Benjamín Lee Guinness siguió con la expansión de la producción y distribución de la compañía, en especial en casa, en Irlanda. Fue él quien escogió el arpa irlandesa como emblema de la compañía, convirtiendo la cerveza Guinness en un símbolo de orgullo nacional y propiciando un incremento del 400 por ciento en la participación de la compañía dentro de la nación. Se hizo aún más querido para su tierra natal al fundar y supervisar la restauración de la Catedral de St. Patrick en Dublín. A pesar de la creciente riqueza y prominencia de Benjamín, se convirtió en el Lord Alcalde de Dublín, un miembro del Parlamento y Caballero del Reino, también mantuvo un contacto directo con las transacciones diarias de la cervecería y de sus empleados. Un libro escrito mientras Benjamín vivía afirmaba:

> No era un supervisor duro...ya que creía en gobernar con amabilidad en vez de con severidad, sabiendo muy bien que la forma de obtener el mejor servicio de cualquier hombre es permitiendo que se sienta apreciado y cuidado. Se dice de él que no había trabajador relacionado con la cervecería, sin importar lo humilde de sus obligaciones, que él no conociera y mantuviera relación de amistad con él...

> No solo se le reconocía como el hombre de negocios más eminente conectado con su ciudad natal de su época, sino que también era un hombre de un gran espíritu público para quien hacer el bien a sus congéneres era un placer -uno podría decir una pasión- y en el servicio que ofreció de manera tan dispuesta al público no era ni menos devoto ni menos entusiasta que a la hora de conducir su colosal negocio[6].

6 Stephen Mansfield, *La Búsqueda de Dios y de Guinness*, 103-104

Tras la muerte de Benjamín, la propiedad de la compañía pasó a su hijo, Edward Cecil, que hizo pública la firma familiar en 1886 y la llevó a niveles aún más altos de éxito, riqueza e influencia al adentrarse en el siglo XX. Dado el tamaño y ámbito de las operaciones de la compañía en este punto, el estilo de gestión de Edward Cecil estaba menos conectado con las actividades diarias de la cervecería, pero colocó líderes que mantuvieran los valores de excelencia y benevolencia de la compañía. El líder más sobresaliente fue el oficial médico jefe, Dr. John Lumsden, que se vio compelido por responsabilidad y compasión a enfrentar las pésimas condiciones en las que la mayoría de los pobres y de la clase obrera, incluyendo a muchos de los empleados de Guinness, vivían en ese entonces.

A causa de la aglomeración, del agua de beber contaminada y de un habitáculo sin higiene, las enfermedades infecciosas y la muerte estaban fuera de control en Dublín. Con el apoyo del consejo de dirección de Guinness, Dr. Lumsden implementó un programa agresivo y completo para reformar las condiciones y estilos de vida de más de 3.000 empleados de Guinness, cuyos hogares él visitó en persona. Este programa incluía:

1. Educación técnica para la generación más joven.
2. Lecturas populares con valor educativo.
3. Programas de atletismo y ejercicio.
4. Lecturas que apoyaban la higiene y la prevención de enfermedades.
5. Cursos de cocina para madres y mujeres jóvenes.
6. Educación sobre la alimentación de bebés.
7. Oportunidades de recreación en la forma de conciertos o fiestas.
8. Oportunidades para que empleados y directivos se conocieran y socializaran.
9. Viviendas[7].

Una vez implementadas las reformas del Dr. Lumsden, cada empleado de Guinness pudo disfrutar de beneficios sin parangón en ninguna de las otras grandes compañías de aquel entonces, ni de la mayoría de las corporaciones y compañías del presente. Un reportaje

7 Stephen Mansfield, *La Búsqueda de Dios y de Guinness*, 141

de una compañía de 1928 nos dice que las necesidades médicas y dentales de los empleados y sus familias eran suplidas por completo por una clínica situada en la empresa equipada con doctores, enfermeras, dentistas, farmacéuticos y una masajista. La compañía también cubría las pensiones, los gastos funerarios, los servicios bancarios, los beneficios educativos, las áreas para deporte, los conciertos gratuitos, las ponencias, las bibliotecas, las actividades recreativas, patrocinaba las competiciones y se encargaba del desarrollo profesional. Además de todo esto, los empleados de Guinness recibían sueldos que estaban por encima en un diez al un veinte por ciento del sueldo medio en Irlanda. Edward Cecil, que dijo una vez, "No puedes hacer dinero con las personas a no ser que estés dispuesto a que las personas hagan dinero contigo"[8], no dejó que sus palabras se las llevase el viento.

Por último, pero no por eso menos importante, en la gran genealogía de los cerveceros Guinness, llegó Rupert, el hijo de Edward Cecil, que trasladó los valores de Guinness de benevolencia y servicio público. Tras recibir cinco millones de libras de su padre como regalo de boda, Rupert y su novia compraron una casa en los barrios bajos de Londres para poder trabajar con los pobres. Después sirvió como miembro del Parlamento durante casi veinte años antes de ponerse al mando de la empresa familiar, momento en el que se enfrentó a la difícil tarea de guiar la compañía a través de la Gran Depresión y de la Segunda Guerra Mundial. A pesar de la devastación creada por estos eventos, Guinness siguió creciendo y prosperando a medida que Rupert adoptaba nuevas estrategias de marketing y diversificación.

Aunque la dinastía Guinness dejó de llevar la compañía poco después de la jubilación de Rupert, la historia y el legado de la familia Guinness y la cultura de negocios que fomentaron siguen en pie. Stephen Mansfield escribe:

En las mentes de la mayoría de las personas en el mundo, Guinness es cerveza y ahí termina la historia. Pero esto está muy lejos de la realidad. La cerveza Guinness es magnífica, sí, pero es la cultura Guinness la que, casi durante dos siglos, ha cambiado la vida de sus empleados, transformado la pobreza

---

8 Stephen Mansfield, *La Búsqueda de Dios y de Guinness*, 259

en Dublín e inspirado a otras compañías a entender que cuidar de los empleados es su tarea más importante. Fue la cultura Guinness de fe y amabilidad y generosidad la que impulsó a que los hombres buscasen formas en las que servir a sus congéneres, en las que enmendar lo que la dureza de la vida había destrozado[9].

ENRON: EL ENGAÑO ALIMENTADO POR LA CODICIA

Es significativo reseñar que si hubiéramos preguntado a Ken Lay, el anterior presidente y director ejecutivo de Enron, si la "fe y la amabilidad y la generosidad" eran valores importantes para él, seguramente hubiera dicho que sí. Según McClean y Elkind:

En la cara pública que él presentaba, a Lay parecía importarle mucho mejorar el mundo. Invirtió mucho de su tiempo en la filantropía: en Houston, las obras benéficas iban a él para que recaudase y diese millones. A menudo hablaba de los valores corporativos. Y era abiertamente religioso. "Todo el mundo sabe que tengo un código estricto de conducta por el que me rijo", dijo una vez a un entrevistador de una revista religiosa llamada The Door. "Este código está basado en los valores cristianos"[10].

Una sección del reportaje anual de Enron de 1998 titulado "Nuestros Valores" dice lo siguiente:

RESPETO: Tratamos a los demás como nos gustaría que nos tratasen. No toleramos el trato abusivo ni irrespetuoso. La crueldad, la insensibilidad y la arrogancia no tienen lugar aquí.

---

9 Stephen Mansfield, *La Búsqueda de Dios y de Guinness*, 121
10 McClean y Elkind, *The Smartest Guys en the Room*, Edición Kindle, 519

INTEGRIDAD: Trabajamos con clientes y posibles clientes de manera abierta, honesta y sincera. Cuando decimos que vamos a hacer algo, lo hacemos; cuando decimos que no podemos o que no vamos a hacer algo, entonces no lo hacemos.

COMUNICACIÓN: Tenemos la obligación de comunicarnos. Nos tomamos el tiempo para hablar los unos con los otros...y para escuchar. Creemos que la información se debe mover y esa información mueve a las personas.

EXCELENCIA: No estamos satisfechos con nada inferior a lo mejor en todo lo que hacemos. Seguiremos elevando el estándar para todos. Aquí la gran diversión será que todos lleguemos a descubrir lo buenos que podemos llegar a ser[11].

Sin embargo, a pesar de sus actos caritativos y valores profesados, Ken Lay era diferente a los Guinness en aspectos importantes y la cultura que engendró en Enron reflejó dichas diferencias.

En primer lugar, la forma de hacer negocios y el tipo de negocio que Lay escogió llevar a cabo tenían poco que ver con los Guinness. Lay nunca construyó una empresa por sí mismo desde la nada, ni tampoco heredó un legado de trabajo duro y éxito de sus antepasados. Aunque también creció con una fuerte influencia religiosa, el padre de Lay era un predicador bautista, ni su educación ni sus intereses personales ni talentos le llevaron hacia una carrera en un oficio o trabajo con una tradición honorable. Desde que terminó la facultad, sus intereses estaban centrados en las finanzas, las políticas públicas y la posibilidad de hacerse rico en una era de una creciente desregulación. Según McClean y Elkind:

Lay solía expresar su preferencia por la desregulación en términos ideológicos; su formación como economista le enseñó que los mercados libres sencillamente funcionaban mejor que los controlados por el gobierno, le gustaba decir. Pero también creía que la desregulación podría crear oportunidades para

---

11 McClean y Elkind, *The Smartest Guys en the Room*, Edición Kindle, 357

crear riqueza, mucha riqueza. Y para Ken Lay el dinero era terriblemente importante[12].

Lay pasó los primeros años de su carrera en Washington, en gran parte gracias a un mentor con muy buenas conexiones que le abrió puertas en el Pentágono y en la Administración Nixon. Cuando estalló la crisis energética en los años '70, sin embargo, rápidamente optó por dejar de crear políticas y buscó un empleo con una compañía de gas en Florida, aparentemente ansioso de comprobar algunas de sus teorías económicas mientras la desregulación seguía su proceso. Terminó trabajando en diferentes compañías de gas natural durante los siguientes diez años y se hizo con la reputación de ser un gran estratega. En 1984, le hicieron presidente y director ejecutivo de Houston Natural Gas, que al año se fusionó con InterNorth para formar Enron.

La posición de Lay a la cabeza de Enron finalmente permitió que la debilidad de su carácter y su estilo de liderazgo salieran a la luz. Prefirió colocar a amigos personales en vez de a los candidatos más cualificados tanto en el consejo como en los puestos ejecutivos de la compañía. Hizo vista ciega de manera constante cuando su personal le traía sus inquietudes ante tratos cuestionables o asuntos contables. También trató a la compañía como si fuera una cuenta corriente personal, y a los recursos de la compañía como posesiones familiares.

Finalmente, quedó de manifiesto que el "por qué" de Lay a la hora de que Enron revolucionase el mercado de la energía no estaba tan vinculado al bien común ni al servicio de Dios como a las recompensas clásicas de la conquista: dinero, poder y prestigio. Quería demostrar que su ideología sobre la desregulación era el futuro, crear una compañía que no solo se cuestionase las reglas, sino que las crease. El lema de Enron, "Pregunta Por Qué", expresa este valor de cuestionar la autoridad y la sabiduría tradicional de la cultura y las prácticas de los negocios.

Para poder establecer esta cultura de revolución en Enron, Ken Lay trajo un consultor de una compañía de primera fila McKinsey

---

12 McClean y Elkind, *The Smartest Guys en the Room*, Edición Kindle, 515

y Compañía, Jeffrey Skilling. Skilling era darwinista[13] e importó los valores y cultura de McKinsey a Enron:

> [Skilling] tenía ideas muy claras sobre cómo construir una organización y qué buscar en las personas y cómo se debería recompensar a esas personas. En McKinsey, Skilling siempre había sentido que formaba parte de una verdadera meritocracia intelectual y eso es lo que luchó por establecer en Enron Finance. Quería crear un lugar en el que el puro cerebro y la creatividad fueran más relevantes que las técnicas de gestión y la experiencia en el mundo real, donde los MBAs eran libres de ir tras quimeras con los millones de la compañía (hasta a espaldas de sus jefes), donde generar beneficios no solo se recompensaba bien sino fabulosamente, y donde los que no llegaban a dar la talla serían prontamente expulsados del rebaño... Skilling creía que la codicia era el mayor motivador y él era más que feliz alimentándolo[14].

Los aspectos tóxicos de la cultura de Enron, que produjeron acciones sin ética que llevaron, con el tiempo, al colapso de la compañía, se pueden relacionar fácilmente con el liderazgo de Skilling (y por su permiso tácito, de Lay) como jefe de operaciones de Enron. Skilling contrataba a las personas teniendo tan solo en consideración si poseían un talento que él quisiera, sin valorar el carácter, la brújula moral ni la capacidad para trabajar en equipo de la persona. También instituyó un sistema de revisión semestral para cortar cabezas (conocido informalmente dentro de la compañía como "rango y tirón") que recompensaba a los empleados según la cantidad de dinero que estaban produciendo para la compañía, cosa que alimentaba una dinámica de competición sin tregua y manipulación política entre las filas. Los ejecutivos y negociadores que se convirtieron en las "estrellas" de la compañía se adhirieron a las prioridades del dinero y del poder, y se

---

13 Esto es, creía en la "supervivencia de los mejor dotados", y para él, los mejor dotados eran los intelectualmente superiores en vez de los emocional, social o relacionalmente superiores.

14 McClean y Elkind, *The Smartest Guys in the Room*, Edición Kindle, 1652

aprovecharon de cada oportunidad y tecnicismo posible para hacer ricos tanto a la empresa como a ellos mismos.

Desafortunadamente, la apuesta de Skilling por cerrar acuerdos rápidos y agresivos sin valorar la gestión del riesgo junto con sus insistencia en adoptar una contabilidad a valor razonable (en la que la compañía se reserva todos los beneficios para los acuerdos a largo plazo utilizando sus propios modelos en vez de apoyarse en los auténticos beneficios que se ingresan), también permitió que estas "estrellas" hicieran que la compañía generara una deuda astronómica. En vez de poner cierto freno a los negociadores, Skilling más bien acudió a la persona que le arreglaba todo, el director financiero de Enron, Andrew Fastow, que se las ingenió para elaborar un fraude contable que escondía de los inversores los verdaderos problemas financieros de Enron (llevándose millones él mismo en el proceso). (Ken Lay también aprobó los métodos de Fastow y solicitó al consejo que no aplicara los criterios para conflictos de intereses de la compañía con el fin de poder permitirle llevarlo a cabo). Tal vez, lo más reseñable sobre Fastow no fue su éxito a la hora de diseñar una red increíblemente compleja de entidades con un propósito especial (compañías limitadas o sociedades) para esconder la deuda de Enron junto con sus recursos sin valor, sino su capacidad de convencer a todo un grupo de contables, analistas y banqueros inversores para que concediesen su aprobación al igual que ingentes sumas de dinero en estas tramas. Toda la comunidad de inversión conspiró en la codicia de la compañía.

Siempre y cuando el precio de las acciones de Enron siguiera subiendo, el castillo de naipes financiero que había construido Fastow para mantener la ilusión de la salud financiera de Enron seguía en pie. En el año 2000, el precio en bolsa llegó a su valor máximo de $90,56 por acción. En 2001, Enron alcanzó el número 7 en la lista de Fortune 500 y declaró unos ingresos de 138,7 mil millones de dólares, dejando atrás compañías como IBM, AT&T, Verizon, Chase y Bank of America. Ken Lay continuó tejiendo la grandeza de Enron al hacer el famoso anuncio de que la ambición de la compañía no era meramente ser "la compañía energética líder a escala mundial" sino "la compañía líder a escala mundial".

Sin embargo, cuando el precio empezó a caer a principios del año 2001, los delatores de dentro de la compañía y los espabilados perros guardianes empezaron a centrar la atención en las señales ominosas (el bloqueo de la impenetrable "caja negra" de las finanzas de la compañía, la repentina dimisión de Skilling y la venta de las acciones de los altos ejecutivos, incluyendo a Lay y a Skillin) provocando investigaciones internas, la degradación de los valores de inversión de Enron y, por fin, el colapso total de la confianza de sus inversores.

Para cuando Enron se declaró en bancarrota el 2 de diciembre, el precio de mercado de la acción había caído a menos de un dólar. Más de 20.000 de los empleados de la compañía no solo perdieron sus puestos de trabajo, sino que también perdieron su jubilación y fondos de pensiones que se habían invertido, en su mayoría, en las acciones de Enron y que ahora no valían nada. Lay, Skilling y Fastow fueron acusados de muchos cargos por la Comisión de Bolsa y Valores, incluyendo conspiración, fraude, información privilegiada y blanqueo de dinero. La compañía que llevaba su contabilidad, Arthur Anderson, también fue acusada de obstrucción a la justicia por deshacerse de los documentos de Enron y por participar en el engaño. Aunque la acusación fue posteriormente revocada, el escándalo forzó a su una vez venerable compañía de nueve mil millones de dólares con más de 100.000 empleados, una de las consultoras más grandes de América, a cerrar sus puertas para siempre. A la par que Andrew Fastow y Jeffrey Skilling ingresaran en prisión, Ken Lay sufrió un ataque fulminante de corazón que evitó su ingreso en prisión.

En la actualidad, la mayoría de las escuelas de negocios utilizan a Enron como uno de los casos de estudio más importante de una gestión impulsada por la codicia y de delito financiero del siglo XXI. McClean y Elkind concluyen:

> La historia de Enron es una de debilidad humana, orgullo desmedido y codicia al igual que de un autoengaño descontrolado; de ambición desbocada; de un gran experimento en el mundo desregulado; de un modelo de negocios que no funcionó; y de personas inteligentes que creían que su próxima apuesta cubriría su último desastre, y que no pudieron admitir que estuvieron equivocados[15].

---

15 McClean y Elkind, *The Smartest Guys en the Room*, Edición Kindle, 465-467

DOS CORAZONES, DOS CULTURAS RELACIONALES

No es difícil identificar las grandes diferencias entre las prácticas y culturas corporativas de Guinness y Enron.

Guinness buscó que una tradición de excelencia y generosidad siguiera viva a través de cada generación, mientras que Enron buscó rechazar la tradición y crear sus propias reglas.

Guinness se preocupó del largo plazo, del crecimiento sostenible, mientras que Enron se centró en el crecimiento masivo (o, al menos, su apariencia) a corto plazo[16].

Guinness promocionó a líderes que tenían una visión de elevar la calidad de vida de todos los involucrados en el negocio, mientras que Enron promocionaba líderes que recompensaban a los dispuestos a pisar otros para poder adelantarlos.

Guinness tomó acción para aliviar el sufrimiento y abordar las injusticias sociales, mientras que Enron mantenía una capa de benevolencia pero ignoraba las consecuencias negativas de sus acciones corporativas para favorecer sus propios bolsillos.

Guinness tenía una política empresarial de "larga consideración y rápida actuación" (tomándose todo el tiempo necesario para reunir hechos relevantes y probar la solidez de una decisión para poder implementarla con sabiduría y previsión basadas en la realidad) y estaba dispuesta a ajustar el rumbo cuando algo dejaba de funcionar[17]. Enron animaba la toma de decisiones temeraria con baja responsabilidad y escondía los errores en vez de admitirlos.

---

16 Es interesante ver estas compañías a modo de comparativa entre valores a largo plazo en lugar de a corto plazo. Arthur Guinness empezó su cervecería con cuatro años de beneficios que había podido recaudar de su herencia original de 100 libras. La compañía creció hasta lo 9 mil millones para cuando se abrió al público, valía 15.6 mil millones de dólares cuando se fusionó con Grand Metropolitan en 1997 para formar Diageo, y sus acciones valen 48 mil millones de dólares con 15 mil millones de dólares en dividendos pagaderos. Enron valía 2.67 mil millones de dólares cuando se fundó tras la fusión de Houston Natural Gas con InterNorth en 1985 y creció hasta los 70 mil millones de dólares en el año 2000, el año antes de declararse en bancarrota.

17 McClean y Elkind, *The Smartest Guys en the Room*, Edición Kindle, 258

Tras leer sus historias, escribí la lista que hay a continuación sobre las características conductuales y culturales demostradas por estas dos compañías[18]:

Guinness	Enron
Generosa	Codiciosa
Sirve a los demás	Se sirve a sí misma
Plan/visión a largo plazo	Plan/visión a corto plazo
Cultiva jugadores en equipo	Cultiva competición dañina
Recompensa servicio fiel	Recompensa egoísmo
Poderosa al confrontar problemas y tomar decisiones difíciles	Sin poder para confrontar y tomar decisiones
Rinde cuentas ante el equipo	Aislamiento e independencia
Dispuesta a mirar a la verdad de frente	Autoengaño
Busca agradar a Dios	Agrada al hombre, política
Humildad	Orgullo y arrogancia
Dispuesta a cambiar de rumbo	Incapaz de admitir errores

Comportamientos tan opuestos deben estar impulsados por valores y motivaciones opuestas, por corazones diferentes. Hay muchos términos que podríamos utilizar para describir estos corazones, pero los mejores y más claros, creo (gracias, Danny Silk), son *honor* y *deshonor*.

El honor y el deshonor son dos grupos de valores fundamentales totalmente diferentes que producen comportamientos, dinámicas y culturas relacionales opuestas. En pocas palabras, el corazón del honor es *ser un buen mayordomo de las relaciones, esto es, edificar, alimentar y proteger las conexiones saludables entre las personas*. Esta forma de valorar las relaciones está arraigada en tener a las personas en alta estima

---

18 Obviamente, estas son generalizaciones que no se aplican a cada persona de la misma manera en estas compañías, pero eran patrones visibles de comportamiento y práctica cultura, especialmente entre los que ostentaban cargos de liderazgo.

y valor, que les dota cierto entendimiento para saber qué las hace florecer. El corazón del deshonor, a su vez, tiene una perspectiva y valor deficientes y falta de entendimiento de las personas y las relaciones y, por lo tanto, nos lleva a violarlos.

En el lenguaje del honor, así es como describiría la diferencia fundamental entre Guinness y Enron. El corazón del honor que estaba en el centro de la cultura de Guinness les llevó a gestionar las relaciones tan bien que construyeron, sostuvieron y protegieron un legado de crecimiento y beneficencia exitosos que duraron más de tres siglos. El deshonor hallado en el centro de la cultura de Enron los llevó a violar las relaciones de tal forma que implosionó en menos de dos décadas.

Aunque no todos los negocios de honor se convierten en una marca mundial que dura siglos y que tiene un impacto social como Guinness, y no todo negocio de deshonor se va a estrellar y arder de manera tan estrepitosa como Enron, la cuestión es que los negocios de honor crean culturas relacionales sanas que animan a las personas a producir resultados positivos, mientras que los negocios de deshonor favorecen culturas relacionales perjudiciales que terminan hiriendo a las personas y produciendo resultados tóxicos y destructivos. Como en cualquier asunto, sin embargo, se necesita tiempo para que los resultados sean visibles. La razón por la que empecé este capítulo con la historia del acuerdo entre Enron y Guinness es porque en ese momento de la historia, ambas compañías parecían ser productivas y de éxito. De hecho, la opinión pública de ese entonces hubiera visto a Enron como más emocionante, sexy e innovadora, y una con grandes probabilidades de convertirse en una fuerza motriz global. Entre los líderes de negocios de la comunidad, los padres de la ciudad de Houston y los empleados de Enron, Ken Lay tenía la reputación de ser íntegro, un filántropo, paternal y de tener un liderazgo visionario antes de que su compañía se estrellase. Es fácil ver el deshonor en una persona, relación o compañía cuando se desmorona públicamente. Es mucho más difícil verlos cuando siguen "funcionando".

La verdad es que muchas compañías aparentemente exitosas de la actualidad podrían diagnosticarse con muchas de las mismas características problemáticas que apuntaron McClean y Elkind en la historia de Enron, aunque no sean tan desenfrenadas ni extremas.

Estas compañías tienen líderes que no son conscientes de sus debilidades ni de hasta qué extremo están infectando a su equipo. Están siendo cobardes a la hora de enfrentar problemas. Sus decisiones delatan señales de presunción, codicia, ambición y autoengaño. No están dispuestos a admitir cuándo cometen un error ni cuándo su plan no está funcionando. Se han rodeado de "pelotas" que también se están protegiendo a sí mismos más que a la compañía. Si no se abordan, estos comportamientos de deshonor están dirigidos a crear problemas serios.

Al mismo tiempo, creo que muchos de estos líderes de verdad quieren construir compañías que tengan durabilidad, excelencia, integridad y legado como Guinness. Quieren que sus compañías sean entrañables para sus empleados, dignas de confianza para sus clientes y socios en los negocios y valoradas por sus comunidades. Quieren hacer el bien en el mundo y mejorar la vida de muchas personas. Quieren honor en los negocios.

La historia de Guinness revela el potencial que tiene un negocio de honor de impactar una ciudad, un mercado, una nación y al mundo. No puedo evitar preguntarme, "¿Qué pasaría si un porcentaje significativo de los negocios de una ciudad, el mercado, la nación o el mundo tuvieran una cultura como la de Guinness, suficiente como para crear un punto de inflexión para que haya un impacto que se extienda?" Estoy seguro de que casi cualquier problema o injusticia que vemos hoy, desempleo, inflación, deuda, pobreza, enfermedad, servicios de salud inadecuados, educación con sobreprecio, crimen, etc., se resolvería, mitigaría o prevendría a través de compañías de honor y de la economía de dichas compañías.

Más que advertir a los líderes en los negocios sobre el coste del deshonor, por lo tanto, quiero invitarlos a descubrir el valor tan increíble y el premio del honor en los negocios. Sin embargo, ir tras el honor en los negocios no es tan solo un asunto de seguir las normas de un libro de juegos sobre prácticas de negocios de honor. Como aprendemos de Enron, no es suficiente plastificar buenos valores en nuestras paredes y documentos de la compañía, mantener reuniones inspiradoras con el personal, hacer donaciones generosas a buenas causas ni decirnos que todo lo que hacemos servirá para el bien mayor. Nosotros, especialmente aquellos de nosotros que somos líderes, debemos estar dispuestos a mirar más allá de la superficie de lo que decimos y hacemos para mirar de cerca nuestros valores principales, motivaciones y creencias de nuestro corazón. Y lo que solemos encontrar cuando hacemos eso es que nuestros valores principales, motivaciones y creencias no son tan claras ni estás tan unificadas como pensamos que estaban. En cada uno de nosotros hay una batalla sobre quién somos, qué queremos en realidad y quién escogeremos ser.

Si queremos cultivar un corazón de honor en los negocios y en la vida, debemos empezar con esta batalla interna, la batalla sobre nuestras identidad. En la primera sección de este libro, exploraremos dos identidades diferentes (una que anima y moldea el corazón de honor y otra que lo hace con el corazón de deshonor) y mostraremos cómo influyen directamente en las decisiones que tomamos a la hora de proteger o violar las relaciones en los negocios. En la segunda sección del libro, profundizaremos en los comportamientos relacionales saludables y las dinámicas que produce el honor. En la sección final, examinaremos las prioridades y los hábitos que guían a los líderes que honran y cómo moldean la cultura relacional saludable en sus organizaciones.

Como espero sea evidente en las siguientes páginas, ni Danny ni yo pretendemos haber llegado a la perfección en estas tres dimensiones de la vida y de los negocios. Ambos estamos todavía en el proceso de aprender a caminar en nuestras verdaderas identidades, de gestionar bien nuestras relaciones y de facilitar una cultura de honor en nuestros equipos y organizaciones. Sin embargo, nos apasiona nuestra búsqueda de honor y nuestra convicción de que no hay nada más digno que ayudar a las personas a construir vidas, relaciones y una cultura de honor en la vida y en los negocios. Soñamos con un mundo en le que las compañías como Guinness no son la excepción, sino la regla. Y para nosotros es un gran honor ser capaces de mostrarte en los capítulos que siguen lo que hemos aprendido sobre lo que se necesita para construir un legado de honor.

HONOR

E

IDENTIDAD

EL VIAJE HACIA LA IDENTIDAD

Una de las primeras cosas que hice al disponerme a escribir este libro fue hacer un pequeño estudio sobre la palabra honor. A continuación está cómo la define el diccionario:

Honor (n.)

Respeto, alta estima. Persona o cosa que da crédito. Adherencia a lo correcto o a un estándar convencional de conducta.

Honrar (v.)

Considerar con gran respeto[1]

Partiendo de ahí, me di cuenta de que el honor significa tener y mostrar grandes dosis de respeto y estima por los demás. Insistiendo un poco más en este estudio etimológico, aprendía que *estima* significa "valorar" y *respetar* viene del latín *respicere*, "echar la mirada atrás

---

1 *New Oxford American Dictionary*, s.v. "Honor", accede 25 de octubre, 2017, https:// en.oxforddictionaries.com/definitio/us/honor.

hacia" y significa "sentimiento de profunda admiración por alguien o algo provocado por sus capacidades, cualidades o logros"[2]. A su vez, admiración proviene del latín admirari que significa "considerar con asombro, estar asombrado"[3] y viene de la raíz mirus, que se suele traducir como "milagro". Al juntar todas estos retazos de definiciones, llegué a la conclusión de que *el honor se trata de ver lo que tiene valor, lo que es maravilloso y milagroso en los demás y apreciar, estar asombrado, amar, reconocer y, por otra parte, responderles en la forma que se merecen.*

La implicación básica de esto es que el honor, o el deshonor, fluye desde nuestras vidas según la forma que vemos a las personas. Una cultura y un comportamiento de honor están arraigados en una perspectiva de honra, mientras que un comportamiento y una cultura de deshonor están arraigados en una perspectiva de deshonor. Y cada una de estas perspectivas se construyen sobre ciertas creencias fundamentales sobre quién son los demás.

NUESTRA HISTORIA

Todos vamos por la vida con una estructura de convicciones que moldea nuestro paradigma o lentes con las que nos vemos y vemos a los demás. "Cada uno de nosotros tiende a pensar que ve las cosas como son, que somos objetivos", escribió Stephen Covey, "pero este no es el caso. *Vemos el mundo, no como es, sino como somos nosotros* -o, como estamos condicionados a verlo. Cuando abrimos nuestras bocas para describir lo que vemos, en efecto, nos estamos describiendo a nosotros mismos, nuestras percepciones, nuestros paradigmas"[4].

Nuestras percepciones y paradigmas son esencialmente las historias que contamos sobre nuestras propias vidas. Los seres humanos se ven impulsados por historias; estamos buscando de manera constante el significado en nuestras experiencias y uniendo

---

2 Online Etymology Dictionary, s.v. "respect," http://www.etymonline.com/index.php?term=respect&allowed_in_frame=0

3 Oxford American Dictionary, s.v. "respect," https://en.oxforddictionaries.com/definition/us/respect.

4 Stephen R. Covey, *Los Siete Hábitos de la Gente Altamente Efectiva* Edición interactiva (Miami, FL: Mango Media, 2015), Kindle 261-263; énfasis del autor.

esos significados a una narrativa que tenga sentido para nosotros. Cada uno se ve particularmente impulsado a buscar el significado de nosotros, de quién somos como individuos en la historia de nuestras vidas, familias, comunidades, naciones y mundo. En otras palabras, todos estamos buscando nuestra identidad.

El problema para todos nosotros es que la única persona que nos puede decir con toda la autoridad quién somos en realidad es nuestro Creador, y debido a la caída[5], todos hemos crecido con algún grado de alienación de Él. Por lo tanto, la mayoría empezamos nuestra búsqueda de identidad en un lugar en el que la verdad de quien somos se ve enturbiada (por experiencias dolorosas que no tienen sentido, por mensajes confusos enviados por otras personas, por dinámicas relacionales perjudiciales y por el silencio aparente de cualquiera que esté en autoridad y que vaya a arreglarlo todo). En algún punto y de cierto modo, todos nos sentimos como los personajes perdidos de una novela intentando dilucidar quién somos, en qué tipo de historia nos encontramos y hacia dónde se dirige el autor (si es que hay uno) con todo esto. Al ir a tientas en esta penumbra espiritual, todos terminamos creyendo cosas sobre nosotros mismos, sobre los demás, sobre el mundo y sobre Dios que parecen ser ciertas, pero que no lo son. Nos aferramos a identidades y narraciones falsas de la realidad.

Estas identidades y narraciones falsas no se corrigen de manera automática en el momento que conocemos a Dios y escogemos confiar en Él como autoridad suprema y fuente de la verdad en nuestras vidas. En ese momento, entramos en una historia nueva, recibimos una identidad nueva y empezamos una relación nueva con el Autor de la historia. Pero para poder entrar en esta historia y vivir en esta nueva identidad y relación, debemos, en las palabras de Yoda, "desaprender lo aprendido". Debemos despojarnos de la falsa identidad que hemos llevado durante toda nuestra vida. Desafortunadamente, aun cuando ciertos aspectos de esta identidad pueden caer con facilidad, otros se quedan firmemente aferrados a nuestros corazones durante muchos años.

Esta identidad falsa que debemos desaprender es la *identidad de huérfano*. Es la identidad que creamos fuera de la relación con Dios. Es, de hecho, una falta de identidad, una falta que intentamos subsanar por nuestra cuenta. Lo corriente es que la llenemos con lo que tenemos,

---

5 Ver Génesis 3

con lo que hacemos y con las personas con las que nos asociamos. Encontramos identidad en el hecho de tener fama o riqueza, en ser un atleta de competición, un empresario o un padre, o en gustar en las redes sociales o en pertenecer a cierto club, organización o comunidad. Sin embargo, ninguna de estas cosas es profunda ni lo suficientemente duradera como para decirnos quién somos en realidad.

La verdadera identidad que hemos recibido, y en la que debemos aprender a caminar, es la identidad de *hijo o hija* de Dios. Esta identidad relacional es la única identidad que es lo suficientemente completa como para ser un ancla firme para nuestras vidas. A diferencia de la identidad de huérfano, que depende de circunstancias, estatus, posesiones, fracasos o éxitos cambiantes, nuestra identidad como hijos e hijas es inmutable.

La identidad de huérfano es la fuente del deshonor, ya que está arraigada en las creencias que deforman nuestra perspectiva y evitan que nos veamos a nosotros y a los demás como somos en realidad. En la medida que nos miramos y miramos a los demás desde esta perspectiva es la medida en la que produciremos deshonor en nuestras vidas, hogares y negocios. Cuanto más aprendamos a vernos a nosotros y a los demás a través de la perspectiva de hijo o hija, por otra parte, más honor fluirá hacia nuestras vidas.

Tomémonos un momento para explorar con más detalle las características principales de estas dos identidades tan radicalmente diferentes.

LA IDENTIDAD DE HUÉRFANO

Todos recibimos una identidad de huérfano como resultado inevitable de vivir en un mundo que está separado de Dios. Ya sea que crezcamos en una familia intacta, una familia disfuncional o sin ninguna familia, todos experimentamos la realidad de que nadie en este planeta nos puede decir de verdad quién somos, de dónde venimos y por qué estamos aquí. Los efectos dolorosos de la caída (el pecado, la enfermedad, la escasez y la injusticia) son inevitables y, al experimentarlos, hay ciertos mensajes que se arraigan en nuestros corazones con diferente intensidad:

Este mundo no es un lugar seguro.
En realidad nadie me ama.
Nadie va a suplir mis necesidades.
Estoy solo y nadie me ayuda.

Estas creencias fundamentales producen los siguientes patrones de pensamiento y comportamiento de huérfano en nosotros:

1. VERGÜENZA

Hay una razón por la que el "deshonor" y la "vergüenza" son sinónimos en inglés. Desde que Adán y Eva se vistieron con hojas de higuera, se ha convertido en una experiencia humana universal el hecho de sentir el dolor de no dar la talla sobre quién deberíamos ser y el reaccionar ante este dolor de formas que nos perjudican tanto a nosotros como a nuestras relaciones.

Brené Brown ha elevado el tema de la vergüenza a una prominencia mayor y mejor definición en los últimos años de manera que ha ayudado a muchos. En el libro *El Poder de Ser Vulnerable*, explica que la vergüenza no es lo mismo que la culpabilidad. La culpabilidad dice, "He hecho algo malo", mientras que la vergüenza dice, "Soy malo". La culpabilidad está ligada a una acción, mientras que la vergüenza está ligada a una identidad. Y cuando la vergüenza se convierte en parte de nuestra identidad, alimenta el sentimiento de que somos indignos de aquello para lo que fuimos creados: la conexión,

La vergüenza es el temor a la desconexión, es el temor a algo que hemos hecho o dejado de hacer, a un ideal que no hemos alcanzado, o a una meta que no hemos cumplido que nos hace indignos de la conexión. No soy digno o lo suficientemente bueno para el amor, encajar ni conectar. No puedo ser amado. No pertenezco. Esta es la definición de la vergüenza que surgió de mi estudio: *La vergüenza es el sentimiento o experiencia intensamente dolorosa de creer que tenemos una tara y, por lo tanto, somos indignos del amor y de encajar[6].*

La vergüenza dirige cada pensamiento tóxico y comportamiento destructivo que podamos imaginar. En su estudio, la Dra. Brown descubrió que la vergüenza estaba relacionada con la violencia, la adicción, los trastornos alimentarios, el bullying y la depresión. "Cuando experimentamos vergüenza, nos sentimos desconectados y desesperados por sentirnos dignos", explica Brown. "Cuando estamos dolidos, ya sea llenos de vergüenza o sencillamente por sentir el temor de la vergüenza, es más probable que tengamos comportamientos auto destructivos y ataquemos o avergoncemos a los demás"[7].

La vergüenza también nos impulsa a un rendimiento perjudicial y al perfeccionismo. Cuando creemos el mensaje de que tenemos taras y somos indignos, luchamos sin tregua para cambiarnos a nosotros mismos y, especialmente, para gestionar la forma en la que nos perciben los demás para que nuestros fallos continúen siendo ilocalizable.

2. FALTA DE CONFIANZA

En el capítulo 6 de *Mantén Encendido Tu Amor*, "El Ciclo de la Confianza", Danny explica que la capacidad de confiar es una de las primeras cosas que se desarrollan, o no se llegan a desarrollar, en nuestras vidas y que crece mediante la experiencia de un *ciclo de confianza*[8]. Un ciclo de confianza es un intercambio relacional en el que comunicamos una necesidad que tenemos a otra persona y la persona responde de forma que satisface la necesidad haciendo que el vínculo de confianza entre nosotros y la persona se fortalezca. De la misma manera, la falta de confianza crece cuando se rompe el ciclo de confianza, ya sea por que seamos incapaces de comunicar nuestras necesidades o porque la otra persona no sea capaz o no quiera satisfacerlas.

---

6 Brené Brown, *El Poder de Ser Vulnerable*. Edición Kindle (Nueva York: Penguin Publishing Group, 2013), 68-69.

7 Brown, *El Poder de Ser Vulnerable*, 73

8 También conocido como el ciclo de apego

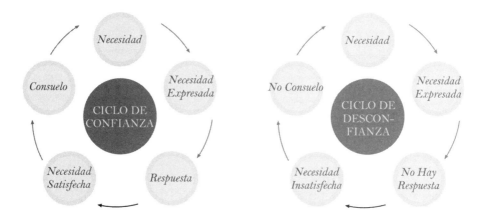

Danny dice:

Todos hemos experimentado alguna ocasión en la vida en la que han roto nuestra confianza. La mayoría lo experimentamos en la niñez, sencillamente porque todos los padres, hasta los mejores, son seres humanos que cometen errores y traen su propias áreas rotas a la paternidad... [porque] las personas que han crecido en entornos en los que han experimentado falta de cuidado o castigo de forma constante como respuesta a sus necesidades, sufren un daño significativo. El ciclo de desconfianza crea una realidad que les separa y les daña haciéndolos sentir sin esperanzas de suplir sus necesidades porque no pueden confiar en otras personas ni formar conexiones relacionales fuertes. Estas personas, habiendo sido cortadas de la fuente de amor, se convierten en supervivientes.

Lo supervivientes aprenden a manipular su entorno y a la gente para que algunas de sus necesidades se vean suplidas. No esperan ser amados, porque después de años de abandono, negligencia y abuso, creen que no son dignos de amor. No esperan que las relaciones duren, ¿por qué habría de ser así? No son los amados de nadie. Nunca se sienten seguros a la hora de confiar o de ser vulnerables. Por supuesto, no tienen recursos emocionales con los que intentar suplir las necesidades de ningún otro. Así que se quedan con lo que pueden.

Y ¿qué crees que termina pasando? Los supervivientes terminan creando una realidad en la que no son amados, las relaciones no duran y el dolor de las necesidades sin suplir sigue destruyendo sus vidas.

Este es el sello de un espíritu de huérfano...[9]

Ser incapaz de confiar hace que las personas teman ser vulnerables y hablar la verdad ya que ven eso como oportunidades de experimentar rechazo y dolor. Esto impulsa la creación de patrones de ocultamiento, aislamiento, independencia y engaño. También crea un alto grado de sospecha y la tendencia a esperar lo peor de las personas.

3. FALTA DE PODER

La identidad de huérfano produce una mentalidad de víctima que hace que vivamos con una ubicación externa de control, el sentimiento de que todo lo que hay fuera de nosotros es más poderoso que nosotros y que es una amenaza que hay que gestionar. Este sentimiento hace que nos sintamos fuera de control, lo que nos impulsa a buscar dicho control en experiencias que nos hacen sentir poderosos y en formas de protegernos de las personas que nos asustan en el mundo exterior.

Los dos comportamientos principales que surgen de la mentalidad de víctima son irresponsabilidad y control. Cuando tenemos esta mentalidad, nos falta el autocontrol y no nos responsabilizamos de nuestras decisiones, sino que más bien buscamos de forma continua cómo echar la culpa a otra persona. De esta misma forma, intentamos sentirnos poderosos intentando controlar y manipular a los demás.

4. MENTALIDAD DE POBREZA

Las convicciones de una identidad de huérfano nos dicen que el mundo es un lugar de recursos limitados en el que es posible que no

---

9 Danny Silk, *Mantén Encendido Tu Amor* (El Dorado Hills, CA: Amando a Propósito, 2015), 99-100

obtengamos los que necesitamos. Estas convicciones hacen que sea difícil concebir un mundo en el que cada persona puede obtener lo suficiente como para florecer y, por supuesto, sobrevivir. El temor a la escasez crea una profunda desazón e inseguridad que hace que muchas personas se vuelvan codiciosas y acaparadoras. Debido a este temor, muchas de las personas más ricas del mundo no se llegan a sentir seguras en su posición financiera, sin importar cuánto acumulen. Para ellos, nunca hay suficiente, ellos nunca son lo suficiente.

La mentalidad de pobreza también da pie a la envidia y a la competición maliciosa. Cuando estamos viviendo desde una identidad de huérfano, tendemos a compararnos con los demás, sintiendo que nos estamos perdiendo lo que sea que los demás tengan y albergamos resentimiento contra ellos a causa de ello. La consecuencia es que o luchamos por obtener lo que sea que no tenemos o atacamos a los demás por tenerlo.

Cuando nos vemos gobernados por el temor a no tener suficiente, normalmente nos cuesta mostrar gratitud por lo que sí tenemos. También nos resulta difícil recibir regalos de los demás. Sentimos que no somos dignos de nada a no ser que nos lo ganemos y nos sentimos en deuda y, por lo tanto, vulnerables ante la posibilidad de ser controlados por alguien que nos ha dado algo.

RELACIONES Y CULTURA DE HUÉRFANO

La vergüenza, la falta de confianza, la falta de poder y la pobreza tienen un motivador común: el temor[10]. El temor es la fuerza dominante y motriz de la identidad de huérfano. También es el enemigo del amor. 1 Juan 4:18 dice, "En el amor no hay temor, sino que el perfecto amor

---

10 Para ser claros, cuando hablo del temor en este libro, estoy hablando del temor que está asociado específicamente con nuestra identidad y conexión con Dios y con los demás. Una vez oí a Danny contar una historia de una vez que estuvo con un grupo de esquiadores de snowboard amateurs que estaban hablando sobre dos cosas: las mujeres y el snowboard. Dijo que era impresionante escucharles hablar sobre cómo tirarse por la ladera de la montaña sin temor alguno para, al momento siguiente, hablar sobre lo asustados que estaban por conocer a un miembro del sexo opuesto. Este es un gran ejemplo de cómo experimentamos cierta ansiedad relacional específica al intentar conectar con nosotros mismos, con Dios y con los demás. Esta es la ansiedad que se ve impulsada por el espíritu de huérfano.

echa fuera el temor, porque el temor lleva en sí castigo. De donde el que teme, no ha sido perfeccionado en el amor". Cuando somos gobernados por el temor, inevitablemente creamos relaciones en las que hay poco amor genuino, siendo más bien acuerdos de control y uso mutuo para satisfacer nuestras necesidades. El compromiso de cada persona en la relación está condicionado a lo que hace la otra persona y la amenaza del castigo refuerza la complicidad entre ambas partes. Estas relaciones están normalmente llenas de ansiedad, desconexión, conflicto y todo tipo de disfunción. Les falta seguridad, confianza, vulnerabilidad y una conexión genuina.

Una dinámica relacional clásica que creamos cuando tenemos una mentalidad de víctima es lo que Danny denomina el "ciclo de la irresponsabilidad" (también conocido como el ciclo triangular o el ciclo de la víctima). Cuando sentimos que no tenemos poder y no nos responsabilizamos de nuestras vidas, buscamos a quién culpar y manipular. Esto nos lleva a requerir de las personas que jueguen un papel ya sea de "tipo malo" o de "rescatador" en nuestras vidas. Cuando el "rescatador", la persona a la que hemos manipulado para que nos defienda del "tipo malo" así responsabilizándose de nuestra vida, se cansa de hacer ese papel, se convierte en el siguiente "tipo malo" y el ciclo se perpetúa.

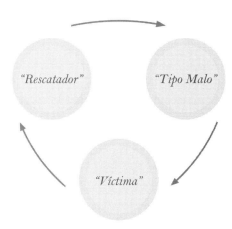

Las culturas relacionales que creamos cuando operamos con una identidad de huérfano son entornos alimentados por el temor, en los que los comportamientos de autoprotección están a la orden del día y donde la distribución de poder siempre parece ser una jerarquía u orden piramidal en la que los fuertes dominan a los débiles. Puede haber cierto grado de civilización en estos entornos, desde la primitiva cultura de la "ley de la selva" a la más sofisticada cultura legalista o religiosa en la que el poder social proviene de guardar las normas que se ven reforzadas por el temor al castigo.

Las descripciones de McClean y Elkind de Enron sugieren que la cultura de la compañía se inclinaba hacia el primer estilo de cultura de huérfano. Desde el encaprichamiento de Ken Lay con la desregulación a las filosofías darwinistas de Jeffrey Skilling a la supuesta conformidad de Andrew Fastow ante el hecho de estar aparentemente cómodo aprovechándose de tecnicismos contables hasta el punto de romperlos, nos hace llegar la idea de que los arquitectos de la cultura de la compañía estaban de acuerdo en su creencia de que estaban por encima de las normas y que las podían crear a su antojo.

Considera de nuevo la lista de características evidentes en la cultura de Enron:

- Codiciosa
- Egoísta
- Plan/visión a corto plazo
- Cultivaba una competición maliciosa
- Recompensaba el egoísmo
- No tenía poder a la hora
  de confrontar y tomar decisiones
- Aislamiento e independencia
- Autoengaño
- Agradaba al hombre, política
- Orgullo y arrogancia
- Incapacidad de admitir fallos

Todos estos comportamientos y características culturales, que están arraigadas en el temor y en las creencias de una identidad de huérfano, son dañinas para las personas y las relaciones y, por lo tanto, traen deshonra. La deshonra es el resultado inevitable cuando el temor es la motivación principal en nosotros y en nuestras relaciones. El temor nos ciega ante el verdadero valor y maravilla que tenemos nosotros y los demás, lo cual evita que nos respondamos unos a otros de maneras que honren.

NUESTRA NUEVA IDENTIDAD: HIJOS E HIJAS DE DIOS

Como creyente, sostengo que las doctrinas claves de mi fe son un fundamento sin precedentes para desarrollar la mejor opinión sobre la humanidad. Las doctrinas de que la humanidad fue creada en la imagen de un Dios trino, y que Dios mismo se hizo hombre para unir para siempre a la humanidad con Dios, conceden a los seres humanos un lugar de honor en el universo no comparable con ninguna otra cosmovisión. Estas verdades también nos enseñan sobre nuestras naturalezas e identidades más profundas. La verdad de que fuimos creados a imagen de un Dios que eternamente expresa una relación de amor en sí mismo como Padre, Hijo y Espíritu Santo significa, por encima de todo lo demás, que fuimos creados para tener una relación y conexión de amor con Dios y con los demás. Significa que cuando violamos y nos separamos de estas relaciones, nos destruimos. Y significa que la restauración de nuestro verdadero ser se encuentra en la restauración de este diseño relacional e identidad, la cosa misma que el Hijo de Dios llevó a cabo por nosotros al restaurarnos con el Padre.

De la misma forma que una identidad de huérfano crea una identidad en nosotros a través de las experiencias del mundo caído, nuestra nueva identidad de hijos e hijas no nos viene tan solo por un conocimiento intelectual del amor del Padre sino a través de una verdadera interacción con el Padre al recibir Su Espíritu de adopción. Este Espíritu está en oposición absoluta al temor. Como explica Pablo en su epístola a los Romanos, "Pues no habéis recibido el espíritu de esclavitud para estar otra vez en temor, sino que habéis recibido el espíritu de adopción, por el cual clamamos: ¡*Abba*, Padre!"[11]. De igual

---

11 Romanos 8:15

forma, en 2 Timoteo, dice, "Porque no nos ha dado Dios espíritu de cobardía, sino de poder, de amor y de dominio propio"[12]. Al aprender a seguir a Su Espíritu en nuestro interior, llegamos a conocer a nuestro Padre y quién dice que somos, y somos empoderados para vivir como en realidad somos a través de Su poder, amor y dominio propio. Con el tiempo, nuestra experiencia de aprender a caminar en relación con Él, recibir Su amor y vernos desde Su perspectiva nos saca de nuestras antiguas creencias de huérfanos basadas en el temor y las reemplaza con mensajes nuevos que se arraigan en nuestros corazones:

Mi Padre me ama y está conmigo. Nunca estoy solo.
Mi Padre me protege. No tengo que tener temor.
Mi Padre suple todas mis necesidades. No tengo que preocuparme de nada.
He sido escogido, soy Su deleite y soy amado.

Con el tiempo, estas creencias empiezan a producir en nosotros los siguientes patrones de pensamiento y comportamiento:

1. VALENTÍA Y VULNERABILIDAD

La vulnerabilidad es lo opuesto a la vergonzosa autoprotección. Es, dice Brené Brown, la valentía para comprometerme por completo con la vida y con las relaciones:

La vulnerabilidad es no conocer ni la victoria ni la derrota, es entender la necesidad de ambas; es involucrarse. Es estar comprometido por completo.

La vulnerabilidad no es debilidad, y la incertidumbre, el riesgo y la exposición emocional a los que nos enfrentamos cada día no son opcionales. Nuestra única elección es una cuestión de compromiso. Nuestra disponibilidad a responsabilizarnos y comprometernos

---

12 2 Timoteo 1:7

con nuestra vulnerabilidad determina la profundidad de nuestra valentía y la claridad de nuestro propósito; el grado en el que nos protegemos de ser vulnerables es la medida de nuestro temor y desconexión... En vez de sentarnos en los laterales lanzando juicio y consejo, debemos atrevernos a salir a escena y ser vistos. Esto es vulnerabilidad[13].

La valentía de ser vulnerable, dice Brown, está conectada con la creencia de que somos "dignos de ser amados y de pertenecer"[14]. Esta es la creencia principal de un hijo o hija. Al aprender a vernos como hijos e hijas, nos volvemos confiados en que, a pesar de nuestras taras y errores, somos amados y dignos de conexión. El temor al castigo ya no influye en nuestras decisiones, liberándonos para vivir con pasión, para albergar nuestros sueños y deseos y para arriesgarnos yendo tras las cosas que hay en nuestros corazones.

Siempre y cuando estemos viviendo desde una identidad de huérfano, lucharemos con la inseguridad ya que no sabemos quién somos en realidad. Pero al aprender a pensar como hijos e hijas, nos sentimos más y más seguros al saber quién somos. Como resultado de esto, tendremos la capacidad de reconocer cuándo empezamos a salirnos de o a olvidar nuestra identidad y podremos recibir corrección y cambiar de rumbo. Llegaremos a ver los errores y los fallos como oportunidades para crecer en vez de como señales de vergüenza e indignidad, y esperaremos confiadamente nada inferior a eso y creceremos hasta ser como el Padre, porque eso es exactamente lo que Él cree acerca de nosotros[15].

2. CONFIANZA

Una de las decisiones más poderosas que aprendemos a tomar como hijo o hija es confiar, revelar a otra persona de manera vulnerable la verdad de nuestros pensamientos, sentimientos y necesidades,

---

13 Brené Brown, *El Poder de Ser Vulnerable*, 2
14 Brené Brown, *El Poder de Ser Vulnerable*, 11
15 Romanos 8:28-31

permitir que esa persona se encargue de esas cosas y hacer nosotros lo mismo con ella. Esto nos capacita a crear conexiones saludables, vivificadoras e interdependientes en las que tanto nosotros como la otra persona que está en la relación somos capaces de ser nosotros mismos y ofrecemos libremente los recursos de nuestras vidas para ayudarnos mutuamente.

3. SER PODEROSO

Cuanto más crecemos al caminar en nuestra identidad como hijo o hija, más viviremos con un lugar interno de control, ya que reconoceremos que el que vive en nuestro interior es "más grande que el que está en el mundo"[16]. Él produce el fruto del dominio propio en nosotros[17], capacitándonos para sentirnos poderosos en cualquier situación. No importa lo que nos pase, sabemos que tenemos la responsabilidad, y la capacidad para responder, de manera que refleje a nuestro Padre.

El poder del dominio propio y de la responsabilidad nos capacita para caminar en libertad. Sin embargo, nuestra relación con el Padre nos enseña que nunca debemos utilizar nuestra libertad como una excusa para darnos la licencia de hacer lo que queremos, porque el propósito de la libertad es el amor[18]. Cuanto más practiquemos nuestra libertad escogiendo amar, más crecerá nuestra libertad.

4. MENTALIDAD DE RIQUEZA

Cuanto más conocemos al Padre y experimentamos Su amor y generosidad hacia nosotros como hijos e hijas Suyos, menos lucharemos con el temor a no tener suficiente. En vez de esto, estaremos confiados en que Él proveerá para nuestras necesidades, respaldará nuestros sueños y deseos y nos capacitará para extender la generosidad al igual que lo hace Él. Entenderemos que nuestra relación con Él nos califica

---

16   1 Juan 4:4
17   2 Timoteo 1:7; Gálatas 5:23
18   Ver Gáltas 5:13-14

automáticamente como herederos de todo lo Suyo. No nos tomaremos esta herencia a la ligera, ni tampoco dudaremos a la hora de recibirla gozosamente. El hecho de que no hemos hecho nada para merecernos los dones del Padre no nos hará que nos sintamos en deuda, sino, más bien, agradecidos y deseosos de expresar esta gratitud siendo mayordomos de los dones, recursos, oportunidades y personas que Él ha puesto en nuestras vidas imitando Su generosidad. Cuando vemos a otro hijo o hija disfrutando de las bendiciones del Padre, nos regocijamos con ellos en vez de volvernos envidiosos. En vez de caer en la lucha y la competición, descansamos seguros en nuestra identidad y relación con el Padre y caminamos junto a los demás para fortalecerlos y animarlos.

LAS RELACIONES Y LA CULTURA DEL PADRE

Cuanto más recibimos el amor del Padre y aprendemos a vivir como hijos e hijas, más relaciones sanas y de amor crearemos que perduren y se vuelvan cada vez más fuertes y ricas con el paso de los años. Este amor nos ayuda a dejar de protegernos a nosotros mismos de los demás y a empezar a experimentar el gozo y los beneficios del verdadero compañerismo y de la verdadera familia. La experiencia de pertenecer a una familia saludable es algo que las personas con una identidad de huérfano nunca pueden conocer. Convertirse en hijo o hija es, por definición, pertenecer a una familia, y esto nos lleva a desarrollar vínculos de hermandad caracterizados por la lealtad, el amor sacrificado y la amistad libres del legalismo y del castigo.

A medida que crecemos y nos volvemos valientes, vulnerables, dignos de confianza y poderosos a la vez que adquirimos dominio propio, resulta absurdo que necesitemos normas ni controles externos que nos intimiden para así volvernos sumisos. En su lugar, empezamos a vivir por la ley interna del amor y del honor por la que nos gobernamos y nos dirigimos para construir y proteger conexiones saludables con los demás. Nos convertimos en lo que Danny denomina "personas poderosas":

Las personas poderosas no intentan controlar a los demás. Saben que no funciona y que no es su tarea. *Su tarea es controlarse a sí mismos...*

Las personas poderosas no están indefensas ante la vida... *Se niegan a ser las víctimas de los demás.*

La decisión de una persona poderosa permanecerá sin importar lo que la otra persona haga o diga. Cuando una persona poderosa dice, "Te amo", no hay nada que les pueda parar...

Solo las personas poderosas pueden crear un lugar seguro para conocer y ser conocidos de forma íntima. Dicen, "Puedo ser yo mismo cuando estoy contigo y tú puedes ser tú mismo cuando estás conmigo. No tenemos que controlarnos el uno al otro, y no queremos controlarnos el uno al otro. Tenemos un acuerdo mutuo de respeto y honor en el que ambos trabajamos para proteger nuestra conexión. Permanecemos unidos por la fuerza del amor que hemos construido, no por la ilusión de que te puedo controlar o de que tú necesitas a alguien que te recate"[19].

La cultura relacional que aprendemos a construir como hijos e hijas (Danny y yo la llamamos cultura del Padre porque tiene su origen en el amor del Padre) es muy divertida. Podemos crear entornos con un bajo grado de ansiedad, temor, celos y competición y con un alto grado de amor, libertad, dominio propio, confianza, verdad, responsabilidad, ánimo y conexión, entornos en lo que lo mejor que hay en las personas sale a la superficie y brilla para que los demás lo vean. Creamos espacio para que la gente sueñe, se arriesgue, aprenda, exponga sus necesidades, pida ayuda, de y reciba tanto retroalimentación constructiva como alabanza y nos recordamos los unos a los otros quién somos. La esperanza abunda en esta cultura a medida que llegamos a entender que estamos totalmente respaldados y equipados por el Padre para traer grandes soluciones y avances al mundo y que nada es imposible para Él.

---

19 Silk, *Mantén Encendido Tu Amor*, 26-28

No es una coincidencia que la familia Guinness tuviera una cosmovisión bíblica y durante cinco generaciones demostrase tener en gran estima a las personas y se preocupase por ellas. De muchas maneras la cultura de la compañía Guinness se alinea con las características de una cultura del Padre:

- Generosa
- Sirve a los demás
- Tiene una visión/plan a largo plazo
- Recompensa el servicio fiel
- Es poderosa al confrontar problemas y tomar decisiones difíciles
- Rinde cuentas ante el equipo
- Está dispuesta a mirar a la cruda realidad
- Busca agradar a Dios
- Tiene humildad
- Dispuesta a cambiar de rumbo

La historia Guinness nos muestra el impulso que se puede crear en una cultura del Padre. Arthur Guinness estableció estas características en la cultura Guinness desde un comienzo y después hizo que cada hijo Guinness alcanzase nuevos grados de excelencia. En otras palabras, cada hijo no solo captó la visión de su padre y edificó un suelo nuevo sobre el tejado dejado por su padre, sino que también se convirtió en padre e instruyó a su hijo para que edificase sobre su propio tejado. Los que operan bajo una identidad de huérfano no pueden crear esta dinámica ya que están centrados en construir su propio éxito y no en establecer un fundamento para que otro lo tenga.

La cultura del Padre es una cultura de honor. El hecho de caminar en la identidad de un hijo o una hija produce honor en nuestras vidas porque quita el temor y permite que nos veamos a nosotros mismos y a los demás a través de los ojos de nuestro Padre.

LA IDENTIDAD Y LOS NEGOCIOS

Más adelante en el libro, profundizaremos más en las dinámicas relacionales y culturales que produce el honor en los negocios. Pero, en primer lugar, quiero mirar más de cerca nuestro viaje personal para desaprender la identidad de huérfano y aprender a vivir como hijos e hijas, y he decidido que la mejor forma en la que enseñarte sobre este viaje es llevarte al mío.

Por una parte, mi vida en los negocios podría sonar muy parecida al tipo de historia de éxito que muchos emprendedores aspiran a conseguir. Empecé pintando casas en la facultad, me di cuenta de que tenía un don y una pasión para los negocios, dejé la escuela para levantar mi compañía y durante las décadas siguientes la impulsé para convertirse en una subcontrata de pintura comercial de éxito que servía a contratistas generales en la parte occidental de los Estados Unidos. Pero esa historia está incompleta. Sí, los ingredientes clásicos para el éxito (buenas oportunidades, trabajo duro, talento, perseverancia, un gran equipo, etc.) estaban presentes y fueron cruciales para el crecimiento de mi compañía. Pero si no hubiera realizado un viaje interno de aprendizaje para tomar decisiones diarias negando el temor, la vergüenza, la falta de confianza, la falta de poder y la pobreza un lugar de la influencia en mi corazón, y permitir que el amor, la fidelidad y la valentía del Padre me guiasen y empoderasen para hacer lo que es honorable, creo sinceramente que esos otros ingredientes no hubieran sido suficientes para llevarnos donde estamos hoy.

Así que en vez de otra historia sobre un emprendedor autor de su propio éxito, la historia que vas a leer en los próximos dos capítulos relata cómo me transformó a mí, a mi familia y a mi negocio el hecho de caminar en mi verdadera identidad. Te voy a mostrar cómo las creencias de huérfano anidaron en mi corazón, cómo fueron necesarios muchos años para que el Padre sacase estas creencias a la superficie y las cambiase, y cómo el hecho de alinear mi mente con lo que Él dice que soy moldeó las decisiones que tomé en los negocios, en especial en tiempos de dificultad y crisis. Durante el proceso, espero mostrarte que el emprendedor autor de su propio éxito es una ficción de la identidad de huérfano, y que el hecho de ir tras ello no puede producir jamás el tipo de éxito duradero que todos deseamos.

En vez de eso, debemos descubrir que el verdadero éxito, tanto en los negocios como en la vida, se encuentra en seguir las metas basadas en el honor que hay en las conexiones saludables, en la interdependencia y en la familia. Esto es lo que todo hijo e hija verdaderos desea, porque es lo que el Padre desea.

Capítulo 3

DESARRAIGANDO EL CORAZÓN DE HUÉRFANO

Mi padre fue el primero en enseñarme a ser un huérfano, ya que eso era todo lo que él conocía.

Cuando fui hombre, me di cuenta de que algunas de las experiencias que produjeron raíces de corazón de huérfano en mi padre, cómo sus padres judíos habían dejado su apellido detrás y huido a los Estados Unidos como refugiados después del Holocausto, cómo su padre estuvo ausente de su vida mientras luchaba por arrancar un negocio y crear una vida nueva para la familia en Los Ángeles y cómo su madre le culpaba por la pérdida de su hermano menor durante la niñez.

Pero mientra fui niño, todo lo que sabía era que mi padre era un hombre enfadado. No puedo recordar ningún momento de mi niñez en el que sus invectivas no dominaran la atmósfera de nuestro hogar. La hora antes de que él llegase a casa del trabajo cada día era una hora de temor en la que mi madre organizaba frenéticamente la casa y me recordaba que mi hermanito no hiciera nada que le incitase, porque eso siempre significaba la 3ª Guerra Mundial. Mamá tomaba tranquilizantes para soportar sus incesantes gritos e insultos, mientras que mi hermano se las ingeniaba para desaparecer en su habitación. Yo solía terminar en alguna zona intermedia, intentando desviar su enfado de mi madre y, de alguna forma, evitarle yo también.

Todavía puedo recordar lo confuso que era cuando descubrí que el hombre que mi padre presentaba al resto del mundo era diferente al que nosotros conocíamos en casa. Una noche, me escondí en la parte de atrás de su automóvil justo antes de que él se dispusiera a ir al gimnasio del instituto para entrenar en la liga de vóleibol de hombres. Cuando supe que estábamos cerca del gimnasio, aparecí en el asiento de atrás. Para alivio mío, estuvo de acuerdo en permitirme que mirara mientras él interactuaba con sus compañeros de forma relajada y distendida. Hasta me presentó y me elogió por haberme escondido en el automóvil. Por primera vez, vi la versión sin furia de mi padre. Todos parecían adorarle.

Pero no importaba cuánto deseara que ese hombre volviera a casa a nuestra familia, siempre desaparecía en el momento en el que entraba por la puerta. Cuando así hacía, yo me convertía en "#&@€ Bobby" que, a sus ojos, no podía hacer nada bien. Con el tiempo, la manera interminable en la que mi padre me avergonzaba y me regañaba me convencieron de que me tenía un odio especial. Hacia el final de la escuela primaria, me había convertido en un experto en una diferente variedad de tácticas para protegerme de él. Sabía cómo esconderme, desviar la culpa y, en especial, mentir sobre cualquier cosa que pudiera incriminarme remotamente. Mentir se había convertido en un hábito.

Cuando cumplí los quince años, mis padres se divorciaron. En aquel momento, no sentí nada sino alivio. Recuerdo ver a mi padre salir de nuestra casa y pensar, *Por fin, ya podemos tener algo de seguridad.* El único problema es que el daño ya estaba hecho. En lo profundo, ya creía la mentira que él me había enseñado: que no podía hacer nada bien y que me merecía un castigo. Esa es la mentira de la que estuve huyendo durante la primera mitad de mi vida. Esa es la mentira que he estado intentando desenlazar de mi corazón durante casi tres décadas.

TÍO LEW

Una de las personas que siempre me amó mientras crecía fue el hermano de mi madre, Lew. Después de terminar con la escuela secundaria, me dirigí a San Diego para jugar water polo en SDSU y me mudé a vivir con el tío Lew. Pasé todo el tiempo libre que tenía los fines de semana con él, haciendo trabajos en la casa y hasta, de vez en cuando, yendo a la ópera.

Un día, el tío Lew me preguntó, "Oye, ¿quieres una cama de agua?" (Estamos hablando de los años '70).

"Por supuesto", dije.

Unos días después me llevó a comprar una cama de agua. Después de subirla a mi habitación y montar la estructura, me dijo que era demasiado tarde para llenar el colchón pero que me ayudaría a hacerlo en cuanto llegase a casa al día siguiente. Mirándome a la cara, me dijo, "No lo llenes hasta que llegue, ¿entendido? Es un trabajo para dos personas".

A los cinco minutos después de que el tío Lew hubiera salido para ir a trabajar a la mañana siguiente, me puse a ver cómo se llenaba esa cama de agua. *Trabajo para dos personas, ¿en serio?* Pensé. *Lo único que tienes que hacer es meter la manguera y encender el agua.* Arrastré la manguera del jardín a la habitación, metí la boquilla en la cama y salí corriendo fuera para encender el agua. Cuando volví, vi, para horror mío, que la manguera se había salido de la cama y estaba llenando de agua todas las paredes y la moqueta. Salí corriendo a apagar el agua, luego saqué todas las toallas del armario e intenté secar el pequeño estanque que había creado. Me pasé el resto del día macerando en temor. Sabía que me había metido en serios problemas.

Cuando llegó el tío Lew a casa, me encontré con él en la cocina. Lo primero que dije fue, "¿Quieres algo para beber?"

Levantó las cejas y puso la mirada característica que ponen los padres que saben que su hijo ha hecho exactamente lo que se le había dicho que no hiciera. "¿Llenaste esa cama de agua?" preguntó.

"Sí". Por alguna razón no podía mentir al tío Lew. Pero, por supuesto, no había tenido éxito con la parte del "llenado", ¿cierto? Así que añadí, "Bueno, no. Encendí el agua y la manguera se salió y había agua por todas partes...".

Lew gesticuló con la cabeza y se rió. "Lo sabía. Bueno, vayamos a echarla un vistazo".

Una vez que Lew inspeccionó la moqueta empapada y hubo llamado a que vinieran a arreglarla, le pregunté con angustia, "Bueno, ¿no estás enfadado conmigo?"

Permaneció quieto durante un momento, después dijo, "Estoy

desilusionado. Te pedí que esperases a que volviera. Pero, ¿enfadado? No. Es un error. Tan solo estabas intentando hacer algo".

"¿Cuánto va a costar esto?" pregunté, con la intención de hacer todo lo posible para compensarlo.

"No lo sé", dijo. "Yo lo pagaré".

"De eso nada", insistí. "No te escuché. Tengo que pagártelo".

"No", dijo Lew dando por finalizado el tema. "Debería haber sabido que ibas a intentarlo de todas formas".

Ahora me tocaba a mí reír, tanto por la sorpresa como por el alivio. "Tienes razón", admití. "Deberías haberlo sabido. ¿Por qué me dejaste con esto? ¿Estás mal de la cabeza?"

Ambos nos reímos. Arreglaron la moqueta y se llenó la cama de agua. Y cada noche ese año me fui a dormir sobre el recordatorio tangible de la primera vez en mi vida en la que había recibido misericordia en vez de un castigo por mi error.

El tío Lew siempre ha sido mi tío favorito, pero desde ese año en adelante se convirtió en un padre para mí. En los años venideros, su sabiduría e influencia me animarían, enseñarían y salvarían en muchas ocasiones. Aunque no supe reconocerlo durante muchos años, fue el primero que me mostró qué significa ser un hijo.

CURVAS EN EL CAMINO

Ocurrieron dos eventos cruciales durante el año que viví con el tío Lew. El primero es que me disloqué la rodilla derecha. La lesión requería cirugía del ligamento cruzado anterior y terminó con mi water polo y con mi carrera en la facultad, ya que fue durante mi período de rehabilitación después de mi cirugía que descubrí la pintura.

Casualmente las semanas en las que estaba en cama y arrastrando la pierna por la casa del tío Lew coincidieron con un proyecto de pintura y reforma interior que el tío Lew había estado planificando hacer en varias estancias de su casa. Al no tener mucho que hacer, empecé a charlar con el pintor que había contratado y me fascinaba verle trabajar. A medida que pasaban los días yo tenía más movilidad y empecé a ayudarle con el proyecto y a aprender lo que él me enseñaba sobre el arte y profesión de la pintura. Cuando terminó con el proyecto, el hombre me ofreció un trabajo.

Después de trabajar con él durante un par de meses, me sentí preparado para lanzarme y empezar mi propio negocio de pintura. Tenía un volkswagen escarabajo del año 1964 con una baca para la tabla de surf que era ideal para llevar la escalera, y un asiento trasero que tenía suficiente espacio para la pintura, los rodillos, las brochas, los paños y demás herramientas. Fue un gran sistema que terminó siendo de mucha ayuda durante mis primeros meses en el "negocio".

Desde un principio, tenía una fuerte convicción de que no solo era importante hacer un trabajo excelente, sino que había que presentarse pronto al trabajo, cuidar del mobiliario y demás pertenencias de los clientes, comunicarme bien, ser discreto, terminar según lo acordado y hacer una buena limpieza una vez terminada y seca la pintura. Mis clientes parecían satisfechos con este enfoque y, gracias a sus recomendaciones, a los seis meses estaba pintando a tiempo completo. Para mi tercer año de facultad, decidí que el negocio de la pintura me resultaba más interesante y beneficioso que la facultad, así que lo dejé y me centré por completo en hacer que mi compañía creciera.

El otro evento crucial que ocurrió durante mi dieciochoavo año es que me convertí. Mi curiosidad sobre Jesús se despertó por primera vez hablando por teléfono con mi hermano menor. Sabía que Randy había estado teniendo problemas en la escuela secundaria y había estado durante un par de años con muchachos que se drogaban. Sin embargo, en esta ocasión, su voz sonaba totalmente diferente y de lo único que quería hablar era de su nueva relación con Jesús. Era un poco difícil comprender lo que estaba diciendo (hasta ese momento, solo había escuchado "Jesucristo" seguido de un aluvión de gritos y palabrotas), pero era obvio que mi hermano había cambiado. Estaba tan asombrado que conduje hasta Long Beach para ver qué le había ocurrido.

El domingo de Ascensión en 1978, Randy y yo fuimos a Calvary Chapel en Costa Mesa, California. Me sorprendió ver el santuario lleno de otros jóvenes con pantalones cortos, camisetas y chanclas como yo. (Yo casi ni sabía quién era Jesús, mucho menos quién era Chuck Smith, así que mi capacidad para apreciar que estaba en uno de los focos del Jesus Movement no llegaría hasta mucho después). Al final de la reunión, hubo un llamamiento al altar y me uní a los cientos de jóvenes que se dirigían hacia el frente. Sabía que necesitaba lo que había encontrado Randy.

Randy me enseñó lo básico del discipulado y me dio mi primera Biblia (que sigo teniendo). Lleno de celo por mi fe recién hallada, empecé a leer mi Biblia y a orar con regularidad. Muy pronto, el Espíritu Santo empezó a atraer mi corazón hacia Jesús y a convencerme de áreas en las que no estaba viviendo según Sus instrucciones para la vida. Especialmente me confrontó con mi hábito de mentir y me vi lleno tanto del deseo como de la capacidad para empezar a decir la verdad.

LA TORMENTA PERFECTA

Mi relación con el tío Lew, el hecho de empezar mi negocio y de conocer al Señor me trajeron amor, esperanza, propósito y las semillas de mi nueva identidad. Sin embargo, pasaron casi diez años antes de que lo antiguo y lo nuevo entraran en crisis haciendo que las heridas y las convicciones más profundas de mi corazón de huérfano terminaran siendo expuestas y tratadas.

Como a la mitad de mi segunda década, pasé por el dolor de la rotura de mi matrimonio. A pesar de mi deseo de recibir ayuda y consejo de los pastores y amigos en la iglesia, la disfunción y desconexión en la relación se hicieron más profundas y terminaron en divorcio. Con veintiséis años, me encontré como padre soltero, luchando por dirigir mi negocio y criar a mi hijo, David.

Después, de manera maravillosa, el amor me atrapó.

Lauren y yo nos conocimos en un grupo casero de una iglesia. Era (y es) bella y divertida, con mucha personalidad, al igual que cualquier mujer apasionada y llena de fuego por Dios. La experiencia de conocer y amar a Lauren y recibir su amor a cambio, fue distinta de todo lo que había conocido. Su honestidad, vulnerabilidad y compasión me hicieron sentir seguro. Al ver cómo interactuaba con David, me fue evidente que era un mujer que se preocupa por los demás y que podría mostrar un amor protector y sacrificado.

Nos casamos el 30 de julio, 1988. (El tío Lew fue mi padrino). Sabía sin lugar a dudas que nuestro matrimonio era algo de Dios, aunque, por supuesto, no tenía ni idea de que Dios iba a utilizar nuestro matrimonio para exponer mi corazón de huérfano. Echando la vista atrás, es fácil ver que esta exposición había estado siendo preparada de antemano ya que Lauren, desde el primer día, me vio con los ojos del honor y me llamó a que asumiera mi verdadera identidad. Casarme con ella significó que solo era cuestión de tiempo para que Bob el huérfano y Bob el hijo se enfrentasen en encarnizada batalla.

Por supuesto, a los dos años de casados, entramos en una época que solo puedo describir como la tormenta perfecta. En diciembre de 1990, justo seis meses después del nacimiento de nuestro segundo hijo, Kyler, nos enteramos de que Lauren volvía a estar embarazada y de que había complicaciones en el embarazo. Lauren tenía que hacerse los monitores mensualmente, la hicieron una amniocentesis y tuvo que observar un estricto protocolo. Tras siete estresantes meses, el ultrasonido reveló que el bebé ya no tenía latido. Aunque oramos seriamente por un milagro, el embarazo terminó en aborto.

Mi reacción natural dominante ante el dolor de la pérdida fue culparme. La voz de la vergüenza repetía el mismo mensaje una y otra vez en mi cabeza: *Es culpa tuya. No mereces la pena, no puedes ser amado y tienes el corazón negro y no puedes hacer nada bien. Este es el castigo por tus errores. No protegiste a tu madre del dolor y ahora has fracasado con tu esposa. No pasará mucho tiempo antes de que ella vea la verdad: tú mataste a tu hijo.*

Como todas las mentiras, estos mensajes suenan como si fueran una locura a la luz de la verdad, pero cuando los crees, parecen ser la realidad misma. Durante meses estas mentiras me atormentaron, llevándome a aislarme de todos, hasta de Lauren. Aunque quería consolarla en su dolor y temor, seguí sucumbiendo ante el impulso basado en la vergüenza de salir corriendo y esconderme de ella. Aunque seguí yendo a la iglesia, asistiendo al grupo casero, leyendo mi Biblia y orando, en el centro de mi ser me sentía completamente desconectado de Dios.

Mientras tanto, me encontré enfrentando dificultades nuevas en el negocio. En este momento, Hasson, Inc. fue subcontratada para varios proyectos comerciales grandes que estaban en construcción, incluyendo dos hoteles, una cárcel y un hospital. En 1991, varios de los contratistas que estaban gestionando estos proyectos se fueron a la bancarrota y retuvieron estos trabajos de manera indefinida, precipitando los problemas más grandes en mi negocio de liquidez de dinero que había tenido hasta el momento. Además de todas mis obligaciones a tiempo completo de gestionar los proyectos en curso y negociar nuevas empresas, tenía la tensión añadida de necesitar financiación de emergencia del banco y trabajar con nuestros abogados para hacer demandas con la esperanza de recuperar parte del dinero de los trabajos perdidos. Poder pagar las nóminas cada dos semanas era una lucha continua y, a veces, la compañía parecía estar pendiente de un hilo. Con la amenaza de la bancarrota acechando cada pocos meses, empecé a sentirme atormentado con el pensamiento de que Lauren iba a dejarme. Tenía varios amigos cuyas esposas les habían dejado cuando el negocio fue mal y visiones de ese mismo escenario empezaron a surgir de manera repetida en mi cabeza.

Sobrecogido y herido a causa de todo el dolor, tormento, desconexión y estrés, empecé a buscar formas en las que lidiar con esto. Empecé a tomarme una cerveza de manera ocasional en la cena para relajarme. Con el tiempo, se convirtió en algo que hacía todas las noches. Después llegó la noche en la que empecé a beber y no parecía poder dejarlo. Unos meses después, volvió a ocurrir. En varias ocasiones Lauren me dijo lo incómoda que se sentía con mi bebida y la prometí que no permitiría que se me fuera de las manos.

Pero entonces las cosas empeoraron.

Un poco después de haberse cumplido el año desde el aborto, Lauren y yo decidimos intentar tener otro hijo. Se quedó embarazada en seguida pero, tras unos meses, perdió el bebé. Una vez más, mi corazón de huérfano recibió la demostración de que no podía hacer nada bien. Me creí por completo que este aborto era totalmente culpa mía y que sería solo cuestión de tiempo antes de que Lauren también se percibiera de esta verdad. Cuanto más escucha a este temor, más me torturaba el peor temor de todos: me va a dejar.

Durante un tiempo, hice todo lo que pude para superar mi sentimiento de muerte anunciada. Mantuve mi horario repleto de trabajo en la oficina, la iglesia, los eventos, el ejercicio e ir tras los niños en la casa (y bebiendo). Pero cuando Lauren se volvió a quedar embarazada y empezó a sangrar a los dos meses, empecé a derrumbarme. Me sentía como un hombre condenado en espera a que cayese el martillo final y todo lo bueno de mi vida me fuera arrebatado. Me entregué de lleno a la vergüenza y a la falta de poder, me sumí en una depresión y empecé a aislarme de mí mismo y de las demás personas de mi vida. Seguí volviéndome al alcohol y mi hábito se volvió cada vez más frecuente. (Una vez escuché a mi amigo Wm. Paul Young, autor de *La Cabaña*, decir esto mientras narraba los detalles de su vida antes de este sorprendente viaje de restauración: "Mi vida era un océano de vergüenza cubierta por una capa fina de logros que me llevaron a un comportamiento destructivo". Pensé de inmediato, *Yo también*. Era una descripción perfecta de esta época de mi vida).

Seguí descendiendo por esta senda de desesperanza y autodestructiva durante unos cuatro meses. Entonces, una noche, pasó algo que me dejó literalmente sobrio. Estaba conduciendo ligeramente borracho hacia casa cuando hice un giro y golpeé de refilón un automóvil abandonado en el arcén de la autopista haciendo que mi propio automóvil perdiese el control. Después de dar dos o tres vueltas (evitando de manera milagrosa cualquier otro obstáculo), me las ingenié para dejar de dar vueltas y conducir hasta el arcén, a unos cien metros desde donde había golpeado al otro vehículo.

Recomponiéndome, utilicé mi móvil para llamar al 911, después salí del vehículo y me senté en el arcén esperando a la policía. Minutos después, llegaron un par de vehículos patrulla y una grúa. Varios oficiales empezaron a investigar el escenario y uno se sentó a mi lado para escuchar mi relato del accidente. Hice todo lo que pude para mantener el control y explicar la secuencia de eventos. Por la razón que sea, él nunca me llegó a preguntar si había estado bebiendo.

El conductor de la grúa me llevó a mi casa. Solo cuando entré por la puerta me di plena cuenta de lo que acababa de ocurrirme. Sabía que Dios me acababa de proteger, pero en vez de sentirme aliviado o agradecido, estaba completamente aterrado. Sabía que me había metido en un problema bien serio. *Si no hubiera estado bebiendo, esto no habría ocurrido jamás*, pensé. ¿Qué habría pasado si hubiera habido alguien en ese vehículo? Mi sentimiento de culpa y de condenación se volvieron tan intensos que finalmente le dije al Dios que acababa de salvarme la vida, "Puedes matarme ahora. Me lo merezco".

En vez de castigo, sin embargo, lo que me sobrevino fue realidad, que ya era bastante desagradable de por sí. Sabía que la bebida tenía que parar inmediatamente, así que me registré como paciente externo en un lugar para recibir apoyo y herramientas para dejar mi abuso del alcohol. Arrancado mi falso consolador, el temor y la vergüenza empezaron a martillearme con furia. Las semanas después del accidente fueron en las que, definitivamente, toqué fondo y finalmente vi el desastre que había creado con mi vida y matrimonio. Había muchas verdades desagradables a las que enfrentarse, como el hecho de que había herido a mi esposa embarazada por partida doble al alejarme de ella y no respetar su deseo y seguir bebiendo y todo porque me había creído la mentira deshonrosa de que ella iba a romper sus votos y dejarme. En realidad no sabía cómo deshacer todo eso. También estaba el dolor sin resolver que me había llevado en un principio a este lugar. Imagínate lo valiente que me sentía como para enfrentarme con eso.

Después, en navidades, todo cambió (gracias a Lauren, y a Dios).

El tío Lew tenía un par de gemelos con piedras preciosas para esmoquin que Lauren sabía que yo siempre había admirado. Sin yo saber nada, meses antes del accidente, ella había encontrado un joyero que le fabricase un par de gemelos para mí con turmalina verde. Cuando volvió a llamar en noviembre, unas pocas semanas antes del accidente, para decir que por fin había conseguido las piedras, ella no sabía si decirle que siguiese adelante con el proyecto hasta terminarlo. En este punto, habíamos estado desconectados durante tanto tiempo que ella se sentía exhausta, con miedo y dolida después de haber estado viviendo durante meses con un hombre que no se parecía en nada al hombre con el que se había casado. Sin embargo, al orar, Dios la dio la gracia y la claridad para saber qué hacer.

La mañana de navidad, abrí una caja muy elegante que tenía los preciosos gemelos. Junto con el regalo había una tarjeta en la que Lauren, de una forma muy vulnerable y emotiva, me decía cómo me veían ella y el Señor. En pocas palabras, me animaba a recordar quién era yo de verdad, un hijo amado, un hombre de honor. Me llamó a que volviera a mi verdadera identidad.

Necesité un par de días para darme cuenta de lo significativo del regalo de Lauren y de sus palabras, pero con el tiempo las empecé a asimilar. Toda mi vida había creído, en lo profundo de mi ser, la mentira de que no podía hacer nada bien. Había huido de esta mentira haciendo una promesa interna de que siempre dependería de mí mismo. Había dependido de mi propia fuerza para eliminar la amenaza de mis propias faltas luchando para ser moralmente perfecto e híperresponsable. Ahora, mi propia confianza se había estrellado por completo, saboteada por mi odio hacia mí mismo. Sin embargo, a diferencia de mi experiencia de la niñez, esta exposición a mis faltas, aunque habían producido un daño mucho mayor, no se encontró con el castigo sino con el amor y el honor. Mi temor de hacer algo mal se había vuelto realidad, pero en vez de demostrar que no podía ser amado, solo terminó revelando lo amado que era en realidad.

Este momento de gracia de parte de Lauren y del Señor lo cambió todo para mí. No quiero decir con esto que fui sanado y liberado instantáneamente. Sino que aquietó la voz de la vergüenza que me había estado diciendo que no tenía poder para arreglar el desastre que había formado y me dio una nueva esperanza y una determinación para cambiar.

DESARRAIGANDO Y REPLANTANDO

Durante los siguientes tres años, experimenté una restauración espiritual, emocional y relacional importante, en mi vida. Lauren tuvo un embarazo normal y, tres meses después de esas navidades, dimos la bienvenida a nuestra hija Isabella al mundo. Un año y medio después, una segunda hija, Sophia, llegó para completar nuestra familia de seis. Mientras tanto, yo buscaba consejo de manera regular y di los pasos necesarios para reparar y fortalecer mi matrimonio y permitir que el Espíritu Santo me llevara a un viaje para empezar a identificar y desarraigar mi corazón de huérfano.

En primer lugar, empecé a tratar con la manera en la que la mentira que había aprendido de mi padre había afectado mi capacidad de ver y conectar con Dios como Padre. Por ejemplo, siempre me había dado cuenta de que me era fácil decir a los demás, con total sinceridad, "Dios te ama. Eres especial, alguien escogido por el Señor, plenamente perdonado y aceptado por Él". Cuando oraba por cualquiera en la iglesia, me salían afirmaciones de este estilo y yo me las creía. Sin embargo, aunque intelectualmente sabía que esto debía ser verdad para mí, nunca había podido creerlo en mi corazón. Cuando por fin examiné esta desconexión, reconocí que había estado viendo al Padre a través de las lentes diseñadas por mi padre. Inconscientemente había pensado que Dios era un Padre amante y lleno de gracia hacia todos los demás, pero un Padre duro y castigador cuando estaba en casa conmigo. La mentira con la que había vivido toda mi vida, que no podía hacer nada bien y me merecía el castigo, me había convencido de que estaba descalificado de una verdad aplicable a los demás.

Al ver esto me surgió una elección. ¿Seguiría viendo tanto a Dios como a mí mismo a través de la vieja mentira o me arrepentiría[1] y recibía la verdad de que el Padre me veía y amaba como al resto de Sus hijos e hijas? ¿Iba a creer que soy quién Él dice que soy?

La elección correcta era obvia, pero eso no significa que fuese ni fácil ni inmediato. En mi proceso, responder esta pregunta significaba identificar y desarraigar raíces de vergüenza, falta de confianza, falta de poder y pobreza que habían moldeado mi forma de pensar y mi comportamiento en las relaciones con Dios y con los demás durante toda mi vida. Aun cuando sabes que has estado creyendo una mentira, puede ser desconcertante e incómodo colocar tu confianza en la verdad. La Escritura que se convirtió en mi asidero en este viaje fue Proverbios 3:5-6, "Fíate de Jehová de todo tu corazón, y no te apoyes en tu propia prudencia. Reconócelo en todos tus caminos, y él enderezará tus veredas". Aprendí a utilizar este versículo cada día, personalizándolo para que encajase en cualquier asunto o situación que estuviera enfrentando. A veces, parecía que era lo único a lo que me podía agarrar. Pero cada vez que escogía posicionarme en confianza hacia el Padre y observaba cómo Él enderezaba mi vereda, experimentaba un nuevo nivel de libertad, libertad de las influencias de las viejas mentiras, y libertad para caminar en la verdad de lo que Él decía que soy.

La mentira de la vergüenza es que nuestros fallos nos hacen indignos de la conexión. En mi caso, creía que mi dignidad estaba condicionada por mis logros. En el momento en el que me equivocaba o no daba la talla marcada por mis expectativas, todo sentimiento de

---

1 Arrepentirse significa cambiar la forma en la que se piensa. No podemos arrepentirnos de verdad por haber tenido un comportamiento deshonroso o destructivo a no ser que enfrentemos las creencias y los patrones de pensamiento erróneos que dan vida a ese comportamiento.

dignidad salía volando y la vergüenza y el temor al castigo me llevaban al aislamiento. También creía como principio que en cada asunto relacional en el que me encontrase, yo era la raíz del problema, idea que alimentaba aún más el ciclo de temor, vergüenza y aislamiento. Que quede claro que por aislamiento no me refiero a que quisiera vivir en una cueva. Me aislaba en medio de una familia amorosa, un equipo de negocios que me apoyaba y una comunidad vibrante de fe, no contando jamás a nadie la verdad de lo que estaba ocurriendo en mi interior.

Poco a poco empecé a confrontar la mentira de que era indigno y a abrirme más a las personas que me rodeaban, empezando con Lauren. Desde le principio de nuestra relación, Lauren me había mostrado de manera constante que me veía digno de su amor y aun a través de todos los desacuerdos, las discusiones, los malos entendidos y la desconexión, sabía en lo profundo de mi corazón que creía lo mejor de mí. Sin embargo, ya que *yo* no creía que era digno cuando sentía que me había equivocado, en esos momentos luchaba por recibir su amor y acercarme a ella. No tenía herramientas para exponer mis fallos en el lugar seguro de nuestra relación. A Dios gracias, su respuesta después del accidente me ofreció un lugar donde empezar, una prueba sólida de que en mi peor momento era seguro mostrarle la verdad. Lentamente empecé a escoger acercarme a ella y a contarle lo que estaba pasando en mi interior, hasta cuando quería salir corriendo. A menudo, estas conversaciones eran enredosas e incómodas mientras aprendía a comunicarme; pero, al final, lo que importaba era que estaba escogiendo la conexión y aprendiendo a crear un lugar seguro para nosotros. Con el tiempo, nuestro matrimonio fue restaurado por completo y empezamos a disfrutar de niveles más profundos de confianza e intimidad de los que jamás habíamos experimentado.

Junto con Lauren, empecé a ser más abierto con los tres hombres que se habían convertido en padres para mí: el tío Lew, el padre de Lauren, Willie, y nuestro pastor, Don Williams. Desde el principio de mis relaciones con cada uno de estos hombres, los invité a mis asuntos personales y de negocios. En esta época, me dediqué a pasar tiempo de calidad con cada uno ya sea semanal o mensualmente permitiéndolos que vieran sin obstáculos todo el cuadro de mi vida. Al hacerlo, crecieron dos cosas en estas relaciones. En primer lugar, con su atenta escucha, ánimo y consejo fiel, me demostraron que no importaba cuáles fueran mis acciones, me amaban y les gustaba estar conmigo, cosa que profundizó mi sentimiento de pertenencia, aceptación y seguridad. En segundo lugar, cuanto más les permitía el acceso, más requerían de mí, en el buen sentido. Requerían que no retrocediera a la hora de ser plenamente honesto en nuestra relación y que yo respondiera a lo que me dijeran. Su guía y fe en mí me dieron un estándar que alcanzar y la valentía para alcanzarlo. El pastor Don siempre solía decir, "Ama a Dios, ama a tu prójimo y ámate a ti mismo. La vida va de relaciones. Fin". Tener padres y líderes a mi alrededor con esta prioridad de proteger relaciones fue crítico en este proceso de replantar.

Por último, empecé a escoger ser vulnerable con mis amigos más cercanos. Todavía recuerdo una mañana en la que estaba bebiendo café con un amigo tomando la decisión de desvelarle todo lo que estaba ocurriendo en mi vida. Escuchó con atención al yo continuar hasta que puse todo sobre la mesa. Después dije, "Bien, ya lo sabes todo. ¿Quieres seguir siendo mi amigo?" Esa decisión abrió la puerta para tener una conexión más profunda en lo que se estaba convirtiendo en una amistad de por vida.

Al crecer en vulnerabilidad, también empecé a reconocer que tenía la costumbre de exponerme de manera perjudicial cuando empezaba con una relación nueva. Cuando empezaba una amistad, les contaba todo sobre mí de manera agresiva, resaltando mis fallos, pensando que esto les daría suficiente información como para juzgarme rápidamente y seguir con sus vidas. Mi honestidad era en realidad una táctica para forzar a que las personas me rechazasen desde un principio, en vez de sacarlo poco a poco para que me llegaran a rechazar más adelante en la relación produciendo así más dolor. Todos mis verdaderos amigos tuvieron que soportar este comportamiento e insistir hasta convencerme que de verdad querían conocerme. (Cuando al final bajé mis defensas, solía decirles de broma, "Por favor, no digáis a nadie que soy sensible"). Durante esta época de desarraigar y replantar, vi que este patrón estaba fundado en la vergüenza, que estaba deshonrando a las personas al asumir lo peor de ellos y que necesitaba creer la verdad de que era digno de ser conocido.

Aprender a practicar la valentía (acercarse a las personas) y la vulnerabilidad (exponer la verdad interior) me obligaron de manera natural a enfrentar las raíces de falta de confianza que habían en mi vida. La mentira de la desconfianza es que no se suplirán nuestras necesidades en las relaciones. En mi caso, aprender a confiar requería que rompiera mi promesa de apoyarme en mí mismo. No solo no podía permitir que las personas no supieran lo que me estaba pasando, tenía que invitarlas y recibir su ayuda y apoyo.

Lo común era que, cuando estuviera tratando con un problema o situación, intentaba luchar contra ello solo hasta que o lo podía solucionar o lo entendía lo suficiente como para no sonar ignorante cuando pidiera ayuda o consejo. Cuando *al final* lo pedía, siempre tenía que luchar con un sentimiento fuerte de que no tenía el derecho de imponer mis necesidades a la otra persona, cuyo tiempo, sabiduría, recursos y esfuerzo eran seguramente demasiado valiosos como para que los emplease en mí y en mis problemas. Con el tiempo, empecé a ignorar estos sentimientos y a contar mis necesidades a Lauren, mis padres y amigos antes de haber agotado todo mi ingenio, energía y recursos para encontrar una solución. Al responder de manera generosa con su retroalimentación y ayuda, me di cuenta de que nunca actuaron como si me hubiera impuesto; de ser algo, parecían pensar que los estaba honrando al mostrarles mi valor por nuestra relación y por lo que eran en mi vida. Tampoco vieron mi necesidad como una señal de debilidad ni incapacidad. Al practicar la confianza, descubrí que me había rodeado de personas dignas de confianza. Menudo regalo.

Desarraigar la vergüenza y la desconfianza también requería que desarraigase la falta de poder. La mentira de la falta de poder es que algo externo a nosotros es más poderoso que lo que hay en nuestro interior, que básicamente somos más débiles que lo que quiera que sea: otras personas, el diablo o hasta nuestro propio pecado. Como Danny señala en Mantén Encendido Tu Amor, la falta de poder en nuestras vidas está directamente relacionada con el temor. Cuando nos sentimos sin poder, nos asustamos. Cuando nos asustamos, normalmente sucumbimos ante el modo "lucha, huída o quedarse paralizado"[2]. En mi caso, mi patrón de salir corriendo y aislarme era una reacción de huída en la que me metía cuando algo hacía que saltase el viejo temor al castigo que me había inculcado mi padre. El

---

2 Silk, *Mantén Encendido Tu Amor*, 48

proceso de romper este patrón empezó cuando reconocía la verdad de que ya no existía la amenaza de castigo ni en mi relación con Dios ni en mis relaciones cercanas. Entonces tenía que trabajar en mi concienciación emocional para poder reconocer cuándo estaba en temor y recordarme que no tenía que reaccionar como si no tuviera poder sino que tenía la capacidad de responder poderosamente a lo que fuera que me estuviera asustando. Esta concienciación fue clave a la hora de escoger la valentía y la vulnerabilidad.

Por último, desarraigar la vergüenza, la desconfianza y la falta de poder también requería que desarraigase mi mentalidad de pobreza. La mentira de la pobreza no es tan solo que no hay suficiente para que sobrevivamos, mucho menos que progresemos, es mas bien que no importamos. La experiencia de la insuficiencia imprime un "menos que" en nuestro sentimiento interno de valor. Como he mencionado, una de las razones por las que luché con la desconfianza y el exponer mis necesidades en las relaciones era que pensaba que todos eran más importantes y tenían más valor que yo. La elección de actuar como si mis necesidades importasen, me desafiaba a creer, y empezó a convencerme de que yo importo.

Otras experiencias empezaron a enseñarme la misma lección. Por ejemplo, muy a menudo declinaba invitaciones de personas que iban a varias fiestas o eventos especiales, era una de las formas de aislamiento que escogí. Lauren me solía animar a ir, asegurándome que mi presencia haría que la persona que me había invitado se sintiera valorada, pero no la solía escuchar porque no me parecía cierto. Al empezar a deshacerme del pensamiento de pobreza, sin embargo, empecé a escucharla y a tomar decisiones diferentes. Fue sorprendente descubrir cómo el hecho de presentarse hacía que la persona se sintiera valorada, lo cual hacía que yo me diera cuenta de que era importante para los demás. Lentamente, empecé a descubrir cómo la baja estima que tenía de mí mismo había hecho que me perdiera mucho a la hora de honrar a las personas y darles gozo, cosa que alimentó mi resolución de aprender a valorar correctamente quién era y qué tenía que ofrecer.

Una y otra vez, la lección que volvía a mí a través de este proceso de desarraigar y replantar fue que aunque siempre había querido honrar a los demás (mantener promesas, ser honesto y servir con excelencia) terminaba saboteando esa meta si creía mentiras sobre mi identidad y cómo debía relacionarme con Dios y con los demás. Solo al hacer la obra interna de buscar la verdad de lo que el Padre dice que soy, podía tener la esperanza de caminar consistentemente en una perspectiva de honor hacia los demás. Y no hay rayos ni truenos ni transformaciones de la noche a la mañana en este trabajo interno. El progreso llegó a fuerza de elecciones pequeñas y diarias que tomé en el campo de batalla de mi mente y corazón. Tuve que aprender a llevar mis pensamientos cautivos, rechazar mentiras y confesar y actuar en la verdad. Tuve que aprender a prestar atención en qué voz estaba confiando para que me guiara: la voz del temor, o la voz del Padre. Hay muchos días, y a veces semanas, en los que el temor y la antigua programación de la vergüenza y el aislamiento toman la delantera. Pero poco a poco, empecé a crear un impulso alrededor de la nueva mentalidad. Empecé a vivir como un hijo.

Así que, ¿cómo afectó en los negocios este viaje de identidad y búsqueda de salud relacional en mi vida personal? Bueno, estoy convencido de que me prepararon para tomar algunas de las decisiones más cruciales en los negocios que jamás he tenido que tomar, decisiones que salvaron mi negocio durante uno de los ciclos más duros y abrió la puerta para nuestro mayor crecimiento. Y fueron decisiones en las que el honor fue puesto a prueba.

Capítulo 4

ESCOGIENDO EL HONOR

A medida que Hasson, Inc. entraba en 1999, la compañía estaba creciendo a un ritmo saludable y se había establecido como una de las subcontratas de pintura más grandes que trabajaba para los contratistas generales que lideraban el sur de California. Al empezar ese año, teníamos grandes contratos a la vista al haber entrado en la puja para proyectos nuevos de construcción tanto municipales como privados en San Diego y en los condados de Los Ángeles, desde hospitales nuevos hasta prisiones, centros turísticos, hoteles y edificios de oficinas. El ciclo de los negocios parecía tener la tendencia de dirigirse con fuerza a un futuro predecible y me sentía confiado en que estábamos preparados para gestionar cualquier tipo de dificultad que ya había aprendido a esperar en nuestra industria... hasta que algo impredecible ocurrió.

En 1999, el efecto dominó de la rotura de la burbuja creada por el ".com", que desembocaría en una recesión al principio del siglo XXI, empezó a golpear los bancos que estaban financiando todos los proyectos principales de construcción en el sur de California, haciendo que limitasen sus carteras de préstamos existentes para la construcción y revisasen los acuerdos y los términos. En el primer trimestre del año, recibí la noticia de que cuatro de los contratistas con los que estábamos trabajando estaban tramitando la bancarrota. Trece de nuestros proyectos (más de la mitad de nuestros negocios en curso para el año) habían cesado de forma inmediata y los pagos se detuvieron en un plazo de treinta días. La mitad de los beneficios proyectados para ese año se había disipado en un instante.

Esta pérdida empequeñecía las que habíamos capeado al principio de la década de los 90, razón por la cual sabía que estábamos enfrentándonos a serios problemas. Sin embargo, mi equipo y yo nos reunimos y creamos un plan para ejecutar toda posible medida de corte de gastos, despedimos a tantas personas como pudimos y conseguimos que la compañía funcionase de la manera más reducida posible. Empecé a pasar mis mañanas en los lugares de trabajo y las tardes buscando nuevos negocios y cualquier otra estrategia que nos ayudase a sobrevivir en este jaleo.

A medida que pasaron las semanas, sin embargo, la devastadora realidad se hizo demasiado evidente. Aun si terminábamos el resto de los proyectos con la mínima cantidad de trabajadores, los pagos no podrían ni empezar a cubrir nuestros gastos generales, y nuestra línea de crédito no podía responder ante esta falta de liquidez. A los seis meses, empezamos a incumplir por falta de fondos con nuestro proveedor, con el seguro y compañía crediticia y con el banco. Cualquier proyecto nuevo que podíamos conseguir no empezaría su construcción ni a dar beneficios antes de un año. Aunque nuestros abogados habían formulado demandas para recaudar algo por los contratos perdidos, pasarían un mínimo tres años antes de que se llegase a algún acuerdo.

Me sentía como si estuviera viendo uno de esos vídeos a cámara lenta de la implosión de un edificio condenado. Todo lo que había trabajado por construir durante veinte años estaba a punto de desmoronarse ante mis ojos. La bancarrota parecía inminente.

TEMOR PREDETERMINADO

Mientras se desenvolvía la crisis, mi ansiedad aumentaba y, gradualmente, empecé a recurrir a mi antiguo comportamiento de huérfano de depender de mí mismo y de aislarme. Me levantaba más temprano y me acostaba más tarde explorando cualquier posibilidad de salvar el negocio. Cada decisión que había tomado de invertir beneficios en la compañía en vez de hacerme con una mayor reserva de activos me pareció imprudente y desacertada. Esta espiral descendente que llevaba a la ansiedad, falta de sueño y aislamiento siguió creciendo durante unos dos meses y después, una noche, llegué a casa para encontrarme a Lauren esperándome en la cocina con una mirada de preocupación en su cara.

"Cariño, sé que has estado teniendo problemas en el trabajo", me dijo. "Te has estado encerrando y apartando. Necesito que hables conmigo. ¿Qué está pasando?"

Me senté y me adentré de lleno en toda la historia, la crisis financiera, los contratistas en bancarrota, los recortes y despidos, el barullo de presentar demandas y la posibilidad de que Hasson Inc. no sobreviviera al año.

Lauren escuchó con atención, me miró a los ojos y me dijo, "Oye, vamos a salir de esta. Hablemos sobre lo que podemos hacer".

"Bueno..." dudé. "Todavía tengo que llamar a nuestro proveedor principal, a nuestra agencia de seguros y préstamos y al banco para contarles lo que está pasando", empecé. "Se merecen saber cómo les va a afectar todo esto. Pero me sigo preguntando si podría al menos intentar pedirles si hay alguna forma en la que pudieran hacer un trato conmigo para extender mi crédito a largo plazo, hasta que los nuevos negocios y acuerdos lleguen en los próximos años. Necesitaría que los tres estuvieran de acuerdo con el plan y, aun si lo hicieran, va a ser difícil cumplir con los pagos. La mayoría de las compañías que conozco que han pasado por esta situación no han podido sobrevivir. Por otra parte, prefiero intentar reconstruir que irme a la bancarrota y no puedo evitar pensar que hay una posibilidad que prefieran trabajar con nosotros más que perdernos".

"Bob, tienes unas relaciones maravillosas con estas personas", me aseguró Lauren. "Confían en ti. No van a querer perderte ni a ti ni tu negocio. De verdad que creo que van a querer ayudarte a salir de esta".

"Tendría que pensar en propuestas muy sólidas que ofrecerles", añadí. "Y todavía nos queda decidir qué vamos a hacer si dicen que no".

"Dios va a hacer que todo esto te funcione", dijo Lauren con confianza, como si todo el plan ya estuviera hecho. "Él siempre ha cuidado de ti y de las familias de tu compañía. No va a permitir que fracases".

Esa noche, por primera vez en dos meses, pude dormir. Lauren me había ayudado a atravesar mi temor y encontrar valentía y esperanza.

LA DECISIÓN MÁS DIFÍCIL

Cuando me desperté por la mañana, me sentía diferente. ¿Se había ido del todo mi ansiedad? No. El plan con el que me había comprometido en la cena (pidiendo ayuda a mis socios) requeriría un grado de humildad y vulnerabilidad de mi parte que, francamente, me intimidaba. Y funcionase o no el plan, sabía que estábamos enfrentando unos años difíciles. Pero como había hecho ella después del accidente y en tantas otras ocasiones, Lauren me recordó quién era, me recordó que ella y Dios estaban de mi parte y, esencialmente, me hizo volver a la decisión más importante que tenía que tomar en esta situación, que era la siguiente: *¿Me enfrentaría a esta crisis como huérfano o como hijo?*

Sabía quién quería ser, y sabía que Lauren creía en mi capacidad para escoger bien, cosa que me animaba. Pero al darme cuenta de cómo había cedido ante el temor durante los dos meses anteriores demostró que tenía toda una tarea por delante de mantener mi cabeza y corazón en el lugar correcto cada día y casi hasta cada hora.

Fui a trabajar al día siguiente, expliqué mi plan al equipo y les pedí ayuda para preparar los papeles necesarios para hacer las propuestas de crédito. Después, me dirigí a mi despacho y me cité con representantes de nuestro proveedor, de la compañía de seguros y préstamos y del banco.

Mi batalla contra la ansiedad se volvió más intensa en las semanas que precedieron a estas reuniones. Aunque fortalecido por el apoyo de Lauren, de mi equipo y del tío Lew, que me ayudó a diseñar una estrategia de créditos para las propuestas, la tarea de preparar estas propuestas hicieron que surgiera la vergüenza al imaginarme confesando los detalles de mi fracaso (todavía no podía evitar verlo de esta manera) ante mis socios al pedirles su ayuda. Me pregunté si el hecho de ser vulnerable en los negocios era un error táctico.

ABRIENDO CAMINO

Al final, llegó el día de la primera reunión, que era con el vicepresidente de nuestro proveedor (una compañía de la revista Fortune 500). Volví a la oficina después de mi ronda en la que visitaba los lugares en los que estábamos trabajando y me puse el traje justo a tiempo para verme con el vicepresidente en mi despacho. Después de intercambiar cumplidos, no me quedaba nada aparte de exponer la propuesta. Sin preámbulo alguno, me lancé de lleno en el discurso que había practicado explicando los detalles de la situación, después miré al hombre a los ojos y le hice mi petición.

"De verdad que necesito que me sigas extendiendo crédito", le dije con franqueza. "Así que tengo una propuesta para ti. Te firmaré una factura por las cuentas extraordinarias incobrables y te haré pagos mensuales sobre el montante debido. Para los trabajos que ahora tenemos entre manos, rellenaré el papeleo con los contratistas para que nos emitan cheques conjuntos, uno para mi compañía y otro para la tuya. Esto asegurará el progreso mensual de los pagos debidos".

El hombre se me quedó mirando, aparentemente atónito. Después dijo, "Esta es la primera vez en los más de cuarenta años en mi carrera que alguien me ha llamado al principio del proceso. La mayoría de las personas se esconden y no devuelven las llamadas".

"Bueno, sentía que era mi responsabilidad hacerte saber cómo va afectar a tu compañía todo esto para que puedas tomar una decisión informada", dije.

"Ya veo", dijo. "Bien, de verdad que lo aprecio. Y creo que podemos trabajar con tu propuesta".

"¿Puedes?" pregunté, intentando no sonar sorprendido.

"Por supuesto".

Cuando el vicepresidente se levantó para irse, me dio la mano y dijo, "Si tienes cualquier problema a la hora de hacer estos pagos mensuales, llámame y lo solucionaremos".

Le volví a dar las gracias y le llevé hasta la puerta, después corrí hacia mi despacho y llamé a Lauren. "No te vas a creer lo que acaba de ocurrir", dije. Después de darle los detalles, ambos celebramos lo que Dios había hecho.

RESPALDADO Y CREÍDO

En una semana, habíamos ejecutado y firmado el pagaré con nuestro proveedor y se había presentado. La respuesta del vicepresidente abrió camino para mí. No solo había traspasado mi temor, sino que ahora tenía un socio importante que estaba de acuerdo con el plan. Eso significaba que podía ir a mi próxima reunión con mi agente de seguros y préstamos con mayor confianza.

Como lo había hecho con el vicepresidente de la compañía que me abastecía, empecé mi reunión con el agente abordando mi historia antes de la crisis. Antes de poder pedir el crédito, me interrumpió y me dijo, "Solo dime qué quieres hacer, escríbelo y lo haremos".

No estaba para nada preparado para escuchar semejante voto de confianza. Sentí como se me encogía el pecho y empezaban a brotar lágrimas de mis ojos. Primero Lauren, después el vicepresidente y ahora el agente, a pesar de mis expectativas, ninguno me había visto como un fracaso. En su lugar, creían en mí y estaban dispuestos a confiar en mí más profundamente de lo que yo había imaginado. No podía evitar sentirme humillado y agradecido.

Con dos de mis tres socios en los negocios de acuerdo, me dirigí a mi última reunión con el banco con más esperanza que nunca de que podría asegurar los términos de los préstamos y las líneas de crédito que necesitaba para sobrevivir a la crisis. Para la fecha de la reunión, nuestros abogados me habían puesto al día sobre el plan de acuerdo proyectado para los proyectos aparcados, así que pude mostrar al ejecutivo de préstamos comerciales cuándo empezaría a llegar el dinero para ayudar con el pago. Su respuesta a la propuesta fue muy positiva, asegurándome que el banco estaba dispuesto a aprobar los préstamos, siempre y cuando contara con una cantidad suficiente como aval. Así que concertamos otra cita para que le trajese una lista actualizada de activos a utilizar como aval.

No tenía ni idea de que Dios tenía otra sorpresa para mí.

En mi segunda reunión con el banco, el ejecutivo de préstamos estaba revisando la lista de activos personales cuando preguntó, "¿Qué es esta 'Parcela 592'?"

"Es solo un trozo de terreno", respondí. "Como unos cuatro acres. Lauren y yo lo compramos hace un par de años. Estábamos pensando edificarla algún día pero todavía no hemos hecho nada con ella".

"¿Sabes lo que vale?" preguntó.

Le dije por cuánto lo habíamos comprado.

"Vamos a tasarlo", dijo. "Los precios de los terrenos han subido mucho estos últimos cinco años".

Unas semanas después, recibí una llamada del banco. La tasación de la 'Parcela 592' mostraba que la propiedad había cuadriplicado su valor y ahora valía más de lo que necesitábamos para avalar los nuevos préstamos.

DE LA SARTÉN A... ¿LA UNIÓN?

Con el préstamo bancario y los planes de crédito aprobados, la compañía entró en un proceso de varios años de pagos mensuales, reestructurando la deuda y monitorizando el progreso en el acuerdo de litigio. Fue una época difícil, especialmente al principio, pero poco a poco nuestra carga de trabajo aumentó. Algunos de los proyectos paralizados empezaron de nuevo con nuevos contratistas y fideicomisarios de bancarrota, y este trabajo, junto con los nuevos contratos, nos situó en una posición más segura. Los cosas se simplificaron muchísimo cuando se hubieron pagado los acuerdos. De manera sorprendente, recuperamos un promedio de ochenta y siete centavos por dólar de los ingresos perdidos, una cantidad prácticamente inaudita en este tipo de concesiones. Al final, pudimos pagar por completo al banco, a la agencia de seguros y préstamos y al proveedor según lo acordado. En 2005, la compañía no solo había recuperado sino sobrepasado los ingresos anuales proyectados antes de la crisis.

Con la mirada puesta en crecer aún más, empezamos a licitar por algunos trabajos de muy alto perfil en el sur de California. No tenía ni idea de que al conseguir esas licitaciones, atraeríamos la atención del Sindicato de Pintores. Si sabes algo de sindicatos, sabrás qué quiere decir "llamar la atención" normalmente. Durante un período de unos dos años, el sindicato empezó a ejercer una presión cada vez mayor organizando piquetes en nuestros lugares de trabajo con una rata hinchable de quince pies de alto, molestando a nuestros empelados y denigrándonos delante de nuestros clientes. Entonces, un día, un mensajero se presentó para entregar un documento muy gordo que requería de mi firma. El sindicato nos había golpeado con una demanda colectiva por treinta y una infracciones laborales. En las primeras reuniones de negociación, sus importantes abogados de Nueva York explicaron que, aunque muchas de las infracciones de la demanda no nos fueran aplicables, si una solo sí lo era, podrían ganarnos por todo lo demás.

Era difícil imaginarse que justo en el momento en el que se recupera una compañía de una forma tan sorprendente de uno de los ciclos más duros en los negocios, hubiésemos aterrizado en otra batalla por la supervivencia. En esta ocasión, no estaba sentado a la mesa con socios que me conocían de mucho tiempo, confiaban en mí y querían llegar a una solución en la que todos saliésemos ganando. Estaba trabajando con un sindicato con gran experiencia en el arte de la organización profesional y se estaban deshaciendo agresivamente de todas las opciones propuestas con la excepción de una.

"¿Tienen la intención de llevar a Bob a la bancarrota?", preguntó uno de los abogados en mitad de la sesión con los abogados del sindicato.

"Por supuesto que no", dijeron. "Queremos que se una al sindicato".

La verdad es que yo no me quería unir al sindicato como tampoco Lauren. Su padre, papá Will, había luchado contra los sindicados en la década de los 60 hasta llegar a la Corte Suprema y había ganado por lo que no vincularse con el sindicato era un asunto de justicia profundamente personal para ella. Llevamos nuestra situación a los pastores, los grupos pequeños y la comunidad de la iglesia y pedimos a todos que orasen para que Dios nos mostrase qué hacer y nos guiase hacia el resultado correcto.

Desafortunadamente, vi la escritura en la pared antes de que lo hiciera Lauren. Defendernos contra la demanda del sindicato nos costaría millones y mis abogados me habían dicho con franqueza que teníamos poca probabilidad de que se desestimase. Para mí estaba claro que teníamos o que disolver la compañía o ceder ante sus esfuerzos organizativos. Sin embargo, ya que Lauren y yo nos habíamos comprometido a tomar todas las decisiones importantes juntos, escogí ser paciente y esperar una resolución que nos permitiese seguir adelante de común acuerdo. Empecé a orar diligentemente para que Dios diera a Lauren paz sobre la decisión de unirnos al sindicato. Sabía que solo Él podía hacer esto por ella, ya que cualquier otra cosa significaría que estaría violando su código moral. Durante el siguiente año y medio, agotamos todos los recursos y buscamos los mejores abogados con la esperanza de invalidar el litigio. Aunque fue difícil, hice todo lo que pude en esos dieciocho meses resistiéndome a la tremenda presión del sindicato para evitar que ejerciese ninguna presión deshonrosa sobre Lauren junto con la decisión que yo sabía que tendríamos que tomar para que la compañía sobreviviese.

Al llegar este conflicto a su punto álgido, Lauren reunió a sus compañeros de oración más cercanos y les pidió consejo. Cada uno de ellos confirmó lo que el Señor le estaba diciendo a ella, "Tienes que estar en unión con tu esposo". Lauren entendió con esto que el Señor la estaba pidiendo dejar a un lado su antigua política sobre los sindicatos y confiar en Él en lo referente al futuro de la compañía.

Una vez supe que Lauren y yo estábamos en la misma página, informé a nuestros abogados que habíamos decidido unirnos al sindicato. Lo único que quedaba por decidir era cómo íbamos a conseguir que esa relación funcionase. Nuestros abogados empezaron a negociar y moldear el acuerdo de línea roja que nos permitiría mantener nuestros trabajos presentes y futuros que no estaban vinculados al sindicato y operar tanto dentro como fuera del sindicato en San Diego. Para cuando se firmaron los papeles, sabía que mi equipo y yo habíamos luchado por el mejor acuerdo posible bajo esas circunstancias, uno que protegiera nuestras relaciones con los clientes que ya teníamos y honrase las exigencias del sindicato.

Tras un viaje tan intenso hasta este punto, no estaba seguro qué debía esperar dentro de la relación con el sindicato. Fue un alivio sorprendente descubrir que en realidad estaban satisfechos con el acuerdo al que habíamos llegado y que estaban dispuestos a tratarnos como socios valiosos. Tim, nuestro vicepresidente de operaciones, no tuvo casi ningún problema a la hora de integrarse con su personal y políticas ya que él fue el que organizó nuestros trabajos para el sindicato. Ahora que nos habíamos unido al equipo, trabajar como tal se había convertido en algo bastante sencillo.

La mayor sorpresa en toda esta historia llegó cuando empezamos a aconsejar a nuestros clientes que se unieran al sindicato. Algunos de nuestros contratistas más importantes habían estado trabajando con nosotros desde fuera del sindicato durante años, y al principio tenía mis reticencias sobre cómo les afectaría el hecho de unirse; por eso había luchado por mantener trabajos fuera del sindicato. Lo que no preví fue que, a causa de nuestra gran relación con estos contratistas, el hecho de unirnos al sindicato significaba que ellos nos colocarían automáticamente en los primeros puestos de la lista para sus trabajos de alto perfil, que eran mucho más numerosos y extensos de lo que me había imaginado. Esto significaba que poco después de unirse al sindicato, Hasson Inc. empezó a ganar las subcontratas más grandes hasta ese entonces y volvía a crecer.

Esto fue emocionante, por supuesto, pero también bastante desafiante. Donde cinco años antes habíamos tenido que dejar la compañía en lo más básico, ahora estábamos teniendo que averiguar cómo aumentar nuestras operaciones para llegar a un tamaño sin precedentes y construir nuestra capacidad de gestionar muchos proyectos complejos en diferentes estados sin sacrificar la eficiencia y la excelencia. Tuvimos que apagar muchos fuegos, pero esta época de resolución de problemas me resultó estimulante. (Es mucho mejor estar trabajando en problemas de crecimiento que defender una compañía ante amenazas devastadoras). Mediante la prueba y el error, el trabajo duro y, no menos importante, el apoyo del sindicato, mi equipo y yo pudimos colocar a las personas correctas y los sistemas para que hubiera una gestión de campo eficiente y para dirigir el crecimiento de la compañía.

A los cinco años de habernos unido al sindicato, Hasson Inc. había más que triplicado su tamaño. Esto era aún más sorprendente ya que la recesión llegó en 2008-9. Mientras muchas compañías del campo de la construcción se redujeron o se apuntaron a la protección de la bancarrota en la recesión, nosotros seguimos batiendo récords en ventas y beneficios cada año sin ningún contratiempo significativo en el mercado, crecimiento que hemos mantenido hasta el día de hoy. Solo puedo atribuir este crecimiento al favor de Dios.

CONFIANZA CALLADA

Aun cuando hay muchas otras historias que podría compartir de mi viaje al aprender a caminar en mi identidad, vencer el temor y confiar en el Padre, hay una que sobresale de manera especial como ejemplo de cómo creo que Él quiere que vivamos y operemos como hijos e hijas honorables en los negocios.

En 2013, nuestra compañía completó un proyecto grande que había estado repleto de costes no previstos que nos colocaron en números rojos durante más de veinticuatro meses. Al cerrar el proyecto entramos en una incómoda negociación de seis meses con el cliente que debía terminar con un acuerdo en una última reunión a principios de febrero, 2014.

En nuestro equipo, mi vicepresidente, Rich, vicepresidente de operaciones, Tim, y el jefe de proyecto, Matt, son los hombres de los números y de los detalles, yo soy el "negociador" que trabaja para construir conexiones y encontrar terreno común con nuestros clientes asociados. Al planificar esta reunión, el equipo me había informado de todos los matices del acuerdo, había preparado una presentación en Power Point y rellenado cientos de páginas de documentación para respaldarlo. Me sentía más o menos preparado para la reunión, pero era difícil no sentirse un poco ansioso por todo lo que dependía de su resultado.

La noche antes de la reunión, Lauren y yo fuimos los anfitriones del grupo de parejas. Yo había escogido una enigmática historia bíblica sobre el rey Josafat para nuestro debate. En la historia, el ejército enemigo había rodeado a Judá y un ataque devastador parecía inminente. Josafat llama a toda la nación a que se reúna para orar e inquirir del Señor sobre qué hacer. Al final, el profeta da un paso al frente con la respuesta de Dios:

No temáis ni os amedrentéis delante de esta multitud tan grande, porque no es vuestra guerra, sino de Dios... No habrá para qué peleéis vosotros en este caso; paraos, estad quietos, y ved la salvación de Jehová con vosotros... no temáis ni desmayéis; salid mañana contra ellos, porque Jehová estará con vosotros[1],

---

1 2 Crónicas 20:15-17

A la mañana siguiente, Josafat lidera su ejército para enfrentar al enemigo con una vanguardia de hombres cantando cánticos de alabanza a Dios. Entonces observan cómo Dios establece emboscadas para el enemigo y los derrota.

Al hablar de la historia, los miembros del grupo empezaron a compartir sobre las batallas que estaban enfrentando en ese momento en sus vidas y negocios. Yo expliqué los detalles del problemático proyecto y lo que había en juego en la negociación del día siguiente. Al orar, sentí una fuerte convicción de que Dios me estaba dirigiendo a utilizar el mismo tipo de estrategia que había dado a Judá hacía tantos siglos.

Una vez hubo terminado la reunión de parejas, envié un mensaje de texto a mi equipo para que supieran que en vez de reunirnos a las 5.00 de la mañana e ir juntos al lugar en el que se estaba efectuando el trabajo, me encontraría con ellos a mitad de camino. Mi plan era emplear una hora y media adorando en el vehículo antes de unirme a ellos para hacer un último repaso de las notas para la reunión.

A la mañana siguiente, me metí en mi automóvil, puse mi música de adoración y empecé a orar y a cantar al Señor. Cuando llevaba unos treinta minutos conduciendo, escuché esa voz clara, apacible y pequeña del Espíritu Santo hablando a mi corazón: *"No debes hablar en la reunión de cierre"*.

Sabía que esta dirección tenía que venir del Señor porque era absurda. Yo era el comunicador, negociador y mediador de nuestro equipo. Nuestra estrategia era que yo lideraría la reunión y pediría al resto que añadieran su conocimiento en caso de ser necesario. Sin embargo, por absurda que me pareciese la idea de estar callado, me sentí extrañamente tranquilo con ella. En voz alta en el automóvil dije, "Sí, Señor". Durante el resto del camino hasta llegar al punto de encuentro, me preparé para escuchar lo que mi equipo inevitablemente diría cuando les anunciase el cambio que iba a haber en la estrategia de nuestra reunión.

Una vez en el vehículo con el resto del equipo, anticipé la preparación de la reunión lanzándome a contar la historia de Josafat, mi tiempo de adoración en el automóvil y la instrucción que el Señor me había dado. Como no podía ser de otra manera, primero me encontré con el silencio, después con un debate y con una discusión animada. Estuve de acuerdo con ellos sobre que lo que había en juego en esta reunión era tremendo y que esta estrategia parecía una locura, si no imposible. Nunca había estado callado en una reunión en mi vida y no tenía ni idea de cómo iba a conseguirlo. Sin embargo, en mi experiencia, expliqué, casi toda la dirección de Dios no parece tener sentido al principio pero siempre funciona al final, y sentía paz con este enfoque.

Cuando llegamos al lugar, entramos en la sala de conferencias que estaba en un trailer. El contratista tenía a seis ejecutivos consigo, además de un negociador de la corporación y un abogado. Se dieron las instrucciones y no dije ni una palabra a nadie al darnos la mano. El negociador empezó la reunión y después cedió la palabra al director que dirigió un debate de investigación para estudiar los hechos con Rich, Tim y Matt cubriendo los subsidios en cada asunto del que se hablaba. Esto siguió así durante dos horas, durante las cuales permanecí completamente callado.

Por fin, el negociador dijo, "Ya he escuchado suficiente. Bob, ven conmigo a mi despacho". Le seguí por el pasillo hasta su despacho y me senté en frente a él.

"Esto es lo que estamos dispuestos a ofrecer", dijo, y me mencionó una suma.

Yo me quedé sentando considerándolo.

Antes de que pudiera llegar a una conclusión, el hombre interrumpió mis pensamientos y dijo, "Bien, ¿y esta?" y subió la oferta.

Una vez más, no dije nada. La cantidad era mejor pero todavía estaba algo por debajo de lo que me había preparado para aceptar. Me había traído mis apuntes conmigo, así que los miré, intentando hacer tiempo y preguntando al Señor en silencio, *Y ahora, ¿qué?*

Antes de llegar a levantar la mirada, volvió a hablar. "Esta es mi oferta final". Esta vez la cantidad era buena, muy buena.

Le miré, sonreí y extendí mi mano para dar por finalizado el trato. Sin perder tiempo alguno, me llevó de vuelta desde el despacho a la sala de conferencias, anunció al grupo que habíamos cerrado el trato y dijo a su equipo que hiciera todo el papeleo, lo ejecutaran y procesaran los documentos de pago en los próximos treinta días. Todos nos volvimos a dar la mano y muy rápidamente nos mostraron el camino para poder prepararse para su próxima reunión con la siguiente subcontrata.

No había dicho ni una palabra en toda la reunión.

Al salir del complejo y dirigirnos hacia el automóvil, Rick, Tim y Matt estaban muertos por saber qué había pasado en el despacho y cuál había sido el trato. Una vez en el automóvil, describí el intercambio unilateral que había tenido lugar y pregunté, "Así que, ¿cuál pensáis que es la cantidad final?" Empezaron a lanzar cantidades. Después les informé de la cantidad acordada, una cifra que excedía todas nuestras expectativas. Al principio, me miraron confusos, como que me habían escucha mal, seguro. Repetí la cantidad final y les aseguré que todo era verdad. Al alejarnos del lugar, no podíamos dejar de hablar del resultado tan favorable y totalmente milagroso. Antes de que pasara mucho tiempo, los demás empezaron a meterse conmigo. "Bueno, Bob, supongo que la lección es que debes estar más callado de aquí en adelante".

RELLENANDO EL VACÍO

Al escribir este libro, nuestra compañía está en medio de varios acuerdos similares al que acabo de describir. Dirigir la compañía sigue siendo un reto lleno de desafíos y momentos en los que puede haber temor. Pero cuando miro quién soy en los negocios hoy en comparación con quién era cuando entramos en el fatídico período 1999-2000, veo cuánto he cambiado en la forma en la que respondo ante los contratiempos y amenazas potenciales. La forma en la que me gusta describirlo es que he mejorado de manera gradual en mi capacidad de rellenar el vacío entre el momento en el que estoy sumido en el temor y el momento en el que escojo confiar en Dios y dirigirme hacia la conexión y el honor.

En la crisis de 1999-2000, fue necesario cierto tiempo antes de que Lauren reconociera que yo estaba permitiendo que el temor fuera el que tuviera el control y para cambiar mi forma de pensar y comportamiento hacia la valentía, la vulnerabilidad, la confianza y la responsabilidad. Sin embargo, al final pude hacer ese cambio. El trabajo que había llevado a cabo en los años anteriores al crear más salud y rendición de cuentas en mi identidad y relaciones había colocado el fundamento que me ayudó a enfrentar lo que parecía una situación imposible, escoger la vulnerabilidad y crear una solución honorable que protegía la relación con mis empleados, socios y clientes.

En la lucha con el sindicato, fui capaz de confiar mucho más rápidamente. En este caso, el desafío era doble: cómo aferrarme a mi conexión con Lauren en medio del desacuerdo y cómo establecer una relación de honor con una organización con la que seguramente nunca habría escogido asociarme. Si no hubiera seguido escogiendo depender plenamente del Padre como fuente de sabiduría y valentía para enfrentar estos desafíos, habría sido muy probable que yo hubiera dañado mucho mi negocio y matrimonio, al igual de haberme perdido nuevas épocas de crecimiento y favor que fueron más allá de lo que jamás había soñado.

Para cuando me dirigí a esa reunión para formalizar el acuerdo en 2013, ya había estado practicando escoger la confianza y el caminar en mi identidad de manera consistente durante casi quince años y había visto que el Padre había salido a mi rescate, al igual que muchas personas en mi vida, una y otra vez con milagros prácticos. Sin ese historial de fidelidad y confianza, no hay forma que hubiera estado de acuerdo con una estrategia no testada que parecía ser una locura vista desde el razonamiento humano. Pero sí que tenía ese historial, la confianza y la conexión. Ser guiado por Su voz solo había hecho que mi senda se enderezase al final y así pude decir que sí. Como consecuencia, tuvimos una negociación extrañamente pacífica y mi equipo y yo pudimos observar cómo el Señor peleó esa batalla por nosotros.

Recientemente, una amistad me preguntó cómo iban las cosas en el negocio y le conté algunos detalles sobre los proyectos actuales. Me preguntó directamente, "¿Estás preocupado por el dinero o los activos?"

Sin dudarlo, respondí, "No, la verdad es que no. Hemos estado en esta situación antes y sabemos qué hacer. Pero lo que es más importante, tengo un largo historial de confianza en Dios y en Su fidelidad. Siempre ha salido a nuestro encuentro y ha cuidado de nosotros".

Creo que este lugar de confianza, paz y seguridad es donde el Padre quiere que vivan cada uno de Sus hijos e hijas. Al tomar la poderosa decisión de volvernos a Él en cada circunstancia, especialmente en medio de la ansiedad, tenemos acceso al poder, amor y dominio propio del Espíritu Santo, que echan fuera el temor. Recordamos quién somos y a quién pertenecemos. Y esto nos lleva y empodera para discernir y caminar en la senda de tomar sabias decisiones y de buena mayordomía de nuestras relaciones.

PASANDO DE SER HUÉRFANO A SER HIJO O HIJA

PASO 1: RECONOCE LOS PENSAMIENTOS DE LA IDENTIDAD DE HUÉRFANO

1. *¿Cómo definirías tu identidad? ¿Te has identificado principalmente por lo que haces, por lo que tienes, por lo que otros dicen de ti o por las personas con las que te asocias?*

2. *¿Con qué frecuencia tienes pensamientos o sentimientos de esta índole?* (Respuestas: a. Nunca b. A veces c. A menudo)

Me siento como un impostor. Todo el mundo piensa que soy alguien que no soy.

a. ☐   b. ☐   c. ☐

No merezco amor a causa de… (mis fallos, equivocaciones, etc.)

a. ☐   b. ☐   c. ☐

Tengo miedo de que los demás sepan quién soy de verdad.

a. ☐   b. ☐   c. ☐

No puedo hacer nada bien.

a. ☐   b. ☐   c. ☐

Tengo que cuidar de mí mismo.

a. ☐   b. ☐   c. ☐

No me gusta pedir a los demás lo que necesito.

a. ☐   b. ☐   c. ☐

Cuando hago algo mal, debería ser castigado.

a. ☐   b. ☐   c. ☐

Estoy solo en el mundo.

a. ☐   b. ☐   c. ☐

Si tan solo tuviera lo que tiene esa otra persona, podría ser feliz.

a. ☐   b. ☐   c. ☐

No puedo permitir que la gente se me acerque demasiado.

a. ☐   b. ☐   c. ☐

3.   *¿Con qué palabras te sientes más identificado?*

☐ Avergonzado   ☐ Amado   ☐ Poderoso   ☐ Solo

☐ Conectado   ☐ Ansioso   ☐ Esperanzado   ☐ Seguro

☐ Enfadado   ☐ Sin poder   ☐ Rechazado   ☐ Apacible

☐ Desconectado   ☐ Parte de algo ☐ Se confía en mí

SEGUNDO PASO: ARREPENTIMIENTO Y PERDÓN

1. *Las mentiras que creemos se vuelven más evidentes cuando las sostenemos bajo la luz de la verdad. ¿Te resultan ciertas las siguientes declaraciones?* (Respuestas: a. Nunca b. A veces c. A menudo)

Soy un hijo/hija amado/a de Dios

a. ☐   b. ☐   c. ☐

El Padre confía en mí para hacer lo correcto.

a. ☐   b. ☐   c. ☐

Soy plenamente aceptado y amado por quién soy.

a. ☐   b. ☐   c. ☐

No me asusta que los demás vean quién soy.

a. ☐   b. ☐   c. ☐

Cuando hago algo mal, no necesito castigo; necesito recibir el perdón de Jesús.

a. ☐   b. ☐   c. ☐

Nunca estoy solo

a. ☐   b. ☐   c. ☐

No necesito envidiar nada que tenga otra persona.

a. ☐   b. ☐   c. ☐

No me resulta problemático pedir ayuda a mis amigos.

a. ☐   b. ☐   c. ☐

Tengo amigos a los que les confiaría mi vida.

a. ☐   b. ☐   c. ☐

Tengo mucho que ofrecer a los demás.

a. ☐   b. ☐   c. ☐

2. *Basándote en las respuestas anteriores, ¿puedes identificar alguna mentira que estés creyendo sobre Dios, ti mismo o los demás?*

3. *Utiliza la siguiente oración para arrepentirte de cualquier mentira que hayas estado creyendo, perdónate a ti mismo y a los demás por las experiencias que te han llevado a creerlas y recibe del Padre la verdad sobre quién eres.*

Padre, me arrepiento por haber creído la mentira de que _____ (por ejemplo, "No soy digno de amor", "No puedo hacer nada bien", "No merezco amor", "Soy inferior a", etc.).

Perdono a _____ por tomar parte en la emisión de este mensaje falso. Por favor, sana cualquier dolor asociado con esas experiencias, en Tu Nombre.

Me perdono por haber creído esta mentira y por haberme hecho daño a mí y a los demás en el proceso.

Padre, recibo Tu verdad y amor por mí. Por favor, muéstrame la verdad sobre Ti, mí mismo y los demás de tal forma que tome el lugar de la vieja mentira.

4. *Escribe la(s) verdad(es) que tienes que empezar a creer sobre Dios, ti mismo y los demás en un diario, o en una tarjeta, o en algún aparato al que puedas acceder con facilidad y regularmente. Comprende que el hecho de alinear tu forma de pensar y comportamiento con la verdad es un proceso que requiere acción y apoyo. Algunos pasos que puedes incluir son los siguientes:*

• Escribe la verdad como una declaración personal (por ejemplo, "Soy un hijo /hija amado/a profundamente", "Mi Padre suplirá todas mis necesidades según Sus riquezas en gloria", "Soy digno/a", "Mi Padre confía que voy a hacer lo correcto") en un post-it o tarjeta y colócalo en el espejo del cuarto de baño o en algún lugar que veas con frecuencia.

• Cada mañana, ora y piensa en algo que puedas hacer ese día para demostrar esto nuevo que crees.

• Encuentra a un amigo o grupo con el que puedas hablar sobre tu decisión de creer la verdad y pídele que te la recuerde si ve que se te está olvidando.

PASO 3: RECIBE EL AMOR DEL PADRE

1. *Practica recibir el amor del Padre.*

Esto puede ser tan simple como una oración o meditación diaria. Por ejemplo, siéntate en un lugar cómodo, cierra los ojos y extiende tus manos para recibir. Después ora, "Padre, recibo Tu amor por mí. Por favor, muéstrame cómo me ves y ayúdame a verme a través de Tus ojos". O escoge una promesa de la Escritura e invierte diez o quince minutos recitándola en voz alta, meditando en ella y orando con ella.

PARA RECIBIR UNA VERSIÓN EN PDF DE ESTA ACTIVACIÓN Y DE CUALQUIER OTRA ACTIVACIÓN Y RECURSO, POR FAVOR VISITA WWW. BUSINESOFHONOR.COM

HONOR

Y

RELACIONES

Capítulo 5

HONRANDO LAS RELACIONES EN LOS NEGOCIOS

L1 viaje para ganar la batalla contra el temor y caminar en nuestra verdadera identidad es exactamente eso, un viaje ¿Llegaremos al punto en el que nada nos da miedo manteniendo una confianza perfecta en cada situación de esta vida? Seguramente no. Sin embargo, debemos buscar de manera continua la manera de cerrar el hueco que existe entre el momento en el que estamos en temor y el momento en el que escogemos recordar quién somos, confiar en nuestro Padre y acceder a la valentía y sabiduría para ser mayordomos de nuestras relaciones y hacer lo correcto. ¿Por qué? Porque el hecho de ganar la batalla contra el temor y aprender a caminar en nuestra verdadera identidad son las cosas que establecen y fortalecen los fundamentos sobre los que construimos, sostenemos y protegemos las relaciones de honor en los negocios.

Ser buenos mayordomos de nuestras relaciones de negocios es esencial para el éxito del negocio. Para algunos, eso les resulta obvio. Para otros, les suena falso. ¿Acaso no ha habido múltiples negocios que se han beneficiado, y siguen beneficiándose, utilizando relaciones disfuncionales, poco éticas y hasta abusivas con sus empleados, vendedores y compradores? Sí, las ha habido. Pero aquellos de nosotros que queremos construir, trabajar y comprar en negocios que operan con honor creemos que los beneficios son tan solo una medida de éxito. Creemos que al acabar el día, los negocios no son sobre todo un intercambio de bienes, servicios y dinero: se trata de servir y beneficiar a las personas involucradas en ese intercambio de una manera honorable. Desde una postura de honor, un negocio que sea rentable pero no beneficie a las personas involucradas en crear esa rentabilidad (en proporción con su contribución) no es un éxito.

El negocio es un ecosistema de relaciones (entre jefes y empleados, entre directores y compañeros de trabajo y entre negocios y vendedores, competidores, reguladores y clientes) en el que todas ellas tienen que ser bien cuidadas para poder obtener verdadero éxito. Cuando entramos en este ecosistema relacional con una identidad de huérfano, el temor moldea la forma en la que vemos e interactuamos con todos. Lo que es más, la atmósfera del negocio agudiza de manera natural cualquier tendencia a la orfandad en nosotros, porque está llena de cosas que encienden ese temor. El negocio es, por naturaleza, arriesgado y vulnerable, y las presiones de los rendimientos, la productividad y el margen de beneficios son intensas. Ya seas un adicto a la adrenalina que florece en medio de los desafíos y el riesgo (como muchos emprendedores) o tiendas a ser más cauto y reticente al riesgo, sobrevivir en los negocios te ofrecerá de manera natural un sinfín de oportunidades para que te encuentres con el temor y descubras los lugares en los que la vergüenza, la falta de confianza, la falta de poder y la pobreza están dando forma a cómo te ves a ti mismo y a los demás.

En cada una de estas oportunidades, tienes una elección. Si sigues permitiendo que el temor esté al mando, seguirás interactuando con las personas de formas disfuncionales (ya sea apartándote de ellas o intentando controlarlas). Desafortunadamente, esta es la decisión que muchas personas, incluyendo las que están en las altas esferas del liderazgo en los negocios, toman con resultados costosos.

En un artículo de 2015 del *Harvard Business Review*, Roger Jones describió los resultados de una encuesta diseñada para exponer los temores ocultos más corrientes entre los presidentes y ejecutivos y sus efectos en la toma de decisiones y en las interacciones dentro del equipo:

- Su mayor temor es ser tenidos como incompetentes, también conocido como el "síndrome del impostor". Este temor disminuye su confianza y socava las relaciones con el resto de los ejecutivos.
- Sus otros temores más corrientes, en orden descendiente, son no dar la talla en su trabajo, que a veces puede hacer que se arriesguen de mala manera para compensar, que aparenten ser demasiado vulnerables, que sean atacados políticamente por sus compañeros, lo cual hace que se vuelvan desconfiados y demasiado cautos, y que parezcan necios, lo cual limita su capacidad de decir lo que piensan o de tener conversaciones honestas...
- Los cinco miedos principales resultaron de estos comportamientos disfuncionales: falta de conversaciones honestas, demasiado juego político, pensamiento aislado, falta de responsabilidad y compromiso, y tolerar comportamientos incorrectos.
- Cuando se les pidió que pensaran cuáles eran las consecuencias de esos comportamientos disfuncionales, los ejecutivos mencionaron más de 500. Entre las más mencionadas se encontraban mala toma de decisiones, enfocarse en la supervivencia en vez de en el crecimiento, inducir el mal comportamiento al siguiente nivel en orden ascendente y no actuar a no ser que haya una crisis[1].

Date cuenta de que los dos primeros de estos cinco temores principales, la incompetencia y el bajo rendimiento, están conectados con la consecución de logros, mientras que los otros tres, parecer vulnerable, ataque político y parecer necio, están conectados con lo que perciben los demás. Tanto nuestras preguntas más profundas sobre el desempeño de una labor ("¿Tengo lo necesario para hacerlo?") y la percepción ("¿Qué piensan los demás de mí?") son preguntas sobre la identidad. Muchas personas en los negocios, incluyendo a los líderes, se sienten inseguros con quién son y, como resultado, se sienten sin poder, desconfían de las personas, se niegan a mostrar vulnerabilidad

---

1 Roger Jones, "What CEOs Are Afraid Of," *Harvard Business Review*, www.HBR.org, 24 de febrero, https://hbr.org/2015/02/what-ceos-are-afraid-of#comment-section.

y honestidad, toman malas decisiones, evitan la confrontación y la responsabilidad y terminan minando las relaciones. Permitir que el temor moldee su perspectiva y comportamiento los lleva a deshonrar a todos los de su alrededor y a sabotear su capacidad de liderar eficazmente.

La única otra elección posible que tenemos en frente del temor es resistirlo y volvernos resistentes a él. Hacemos esto cultivando una mentalidad de comportamientos como la valentía, la confianza, el poder y la riqueza que nos capacita para avanzar en honor hacia las personas. Solo con traer el honor a la mesa podemos invitar y esperar que los demás hagan lo mismo. El honor no es algo que demandamos ni requerimos de los demás; es algo que ofrecemos en las relaciones a causa de quién somos.

ESTÁNDARES Y COMPROMISOS DE LAS RELACIONES DE HONOR

Aprender a vencer el temor, aferrar nuestra identidad y cultivar honor crea un cambio total en lo que creemos, en las motivaciones y en los valores de nuestro corazón. Pasamos de estar en una postura de temor y defensiva con un punto de control externo a una postura proactiva en la que nos vemos motivados internamente para ser buenos mayordomos de lo que es importante para nosotros. Lo que es importante para nosotros deja de ser un valor basado en la identidad de huérfano de servirnos y protegernos, para convertirse en un valor más alto del Padre, servir a los demás y proteger nuestras conexiones relacionales.

Este cambio redefine nuestros estándares y compromisos relacionales. La forma en la que aplicamos estos estándares y compromisos será diferente en las relaciones de negocios que en nuestras relaciones personales, por supuesto, porque estas relaciones tienen áreas de enfoque y misiones diferentes. Aunque todas las relaciones al final existen para servir y beneficiar a las personas, las relaciones personales están centradas en las personas más directamente, mientras que las relaciones de negocios están organizadas alrededor de la consecución de una tarea (sostenibilidad y creación de beneficios y vender bienes y servicios). Este enfoque en tareas hace que prioricemos en el rendimiento, la productividad y la creación de beneficios, cosa que no hacemos en nuestras relaciones personales, y nos ayuda a entender la razón por la que las personas necesitan cambiar de trabajos, de equipos o irse de un negocio para tener éxito. Sin embargo, el hecho de estar centrados en el rendimiento no debería hacer que tratásemos las relaciones como algo menos importante que lo que estamos intentando llevar a cabo juntos. Más bien, hacerse con unos estándares y compromisos de honor nos ayuda a entender lo importantes que son las relaciones de honor para tener éxito en la tarea compartida.

A continuación hay un breve resumen de estos estándares y compromisos:

1. *Valiente y Vulnerable*

La creencia central de que somos dignos de conexión, con nuestros fallos y todo (en vez de la mentira de la vergüenza que dice que nuestros fallos nos hace indignos) nos llevará a comprometernos con un alto nivel de honestidad y vulnerabilidad en las relaciones. No nos daremos la opción de escondernos o aislarnos cuando nos asustemos. Protegeremos la conexión solucionando cualquier error y priorizando en las relaciones por encima de los asuntos cuando haya un desacuerdo.

2. *Confiado*

La creencia central de que nuestros pensamientos, sentimientos y necesidades importan y de que nuestras necesidades se crearon para ser suplidas dentro de unas relaciones saludables (en vez de la mentira de la desconfianza de que no se pueden suplir nuestras necesidades en las relaciones) hará que nos comprometamos a ser comunicadores asertivos que escuchen bien, que presten atención a lo que necesitan las personas y que se preocupen por suplir esas necesidades. Nos negaremos a tener conversaciones irrespetuosas y nos atendremos a un estándar de creer lo mejor de los demás.

3.   *Poderoso*

La creencia central de que la única persona que podemos y debemos controlar somos nosotros mismos, y que nuestra labor es gestionar nuestras decisiones y la forma en la que éstas afectan a los que nos rodean, en vez de la mentira de la falta de poder que dice que somos víctimas de fuerzas externas, nos llevará a comprometernos con un alto grado de respeto y responsabilidad en las relaciones. La opción de gestionar, manipular, culpar o controlar a los demás estará fuera de cuestión. Nos centraremos en sostener nuestra parte de la relación siendo nosotros mismos sin importar lo que haga la otra persona.

4.   *Rico*

La creencia central de que cada persona es maravillosamente única y de valor y de que hay suficientes oportunidades y recursos en el mundo para que cada uno de nosotros "brillemos", en vez de la mentira que dice que no tenemos valor y que no hay suficiente para que todos florezcamos o tengamos éxito, nos lleva a comprometernos a construir relaciones con altas dosis de ánimo, afirmación, generosidad y llamados a la excelencia. Reconocemos que nuestras relaciones son en sí mismas nuestro más grande recurso y riqueza porque cada relación en la que estamos juega un papel importante a la hora de ayudar a ambas partes a crecer y a conseguir el éxito. Estableceremos una línea estable contra los celos, la avaricia, de forma que éstos no envenenen ni nuestros corazones ni nuestras conexiones. Nuestro estándar es buscar y hacer que salga lo mejor de las personas, celebrarlas y utilizar los recursos de nuestras vidas para su beneficio.

CONEXIONES QUE ACALLAN EL TEMOR

Cuando dos personas traen a la mesa estos estándares y compromisos de honor y caminan en ellos de manera consistente, tienen la capacidad de construir una conexión que puede echar fuera el temor y la mentalidad de huérfano.

Cuando la vulnerabilidad se encuentra con la vulnerabilidad, hace que el siguiente pensamiento se acalle, *Esta persona se está escondiendo. Lo cierto es que no sé qué está pensando sobre esta situación ni si me lo va a contar.* El acuerdo mutuo de desvelar lo que estás verdaderamente pensando y sintiendo incrementa la confianza de que eres tanto conocido como aceptado y funciona a la hora de echar fuera el mecanismo de la vergüenza de esconderse o pretender que eres algo que no eres.

Cuando la confianza se encuentra con la confianza, no estás pensando, *Decir a esta persona lo que necesito no hace que me sienta seguro.* Dos personas que demuestran estar buscando de forma proactiva formas en las que descubrir las necesidades de la otra persona y de suplir dichas necesidades, crean un sentimiento de seguridad e interdependencia y deshace el impulso desconfiado de evitar o sabotear la colaboración.

Cuando lo poderoso se encuentra con lo poderoso, no te tienes que preguntar, *¿Terminarán haciendo lo que dijeron que iban a hacer? ¿Van a responsabilizarse de sus decisiones?* Dos personas que son constantemente libres de ser ellas mismas, y que a la vez se responsabilizan de cómo afecta su libertad a los que les rodean, no tienen temor a la manipulación, ni a ser controladas o encasilladas con los problemas de la otra persona. Esto quita el impulso de actuar sin poder, especialmente a la vista de problemas o errores.

Y cuando la riqueza se encuentra con la riqueza, no te preocupas de si, *¿Se van a sentir amenazados ante nuestras diferencias? ¿Va a hacer mi éxito que se sientan celosos o resentidos?* Dos personas que tienen confianza en su propio valor, ven el valor en los demás y disfrutan usando los recursos de sus vidas para el beneficio de los demás, no tienen temor de que se les subestime ni de que se aprovechen de ellos. Esto quita el impulso perpetrado por la pobreza de proteger y aferrarse a uno mismo en la relación.

En pocas palabras, honrar a las personas construye relaciones en las que la meta principal no es protegerme a "mí", sino proteger a "nosotros". Ir tras esta meta los lleva a cuidar y proteger conexiones en las que la ansiedad y el temor están en un nivel muy bajo, y en las que la vulnerabilidad, la confianza, la responsabilidad, la libertad, la afirmación y el ánimo se intercambian de manera libre y constante.

LA PRIORIDAD DE LAS RELACIONES EN LOS NEGOCIOS

Construir conexiones de honor en cada nivel del ecosistema relacional es una prioridad en los negocios de honor, porque el hecho de deshacerse del temor y cultivar el honor impacta todo de manera positiva, desde una colaboración eficaz hasta un desarrollo excelente de productos y servicios, servicio al consumidor, estrategias de crecimiento y más. Sin embargo, el nivel más crucial para cada negocio a la hora de construir relaciones de honor es al nivel ejecutivo.

En *Mantén Encendido Tu Amor*, Danny explica por qué es importante que establezcamos "círculos de intimidad" en nuestras relaciones, para reconocer que ciertas relaciones tienen prioridad por encima de otras y para asegurarnos de que estamos honrando esas prioridades dando a cada relación el tiempo, la atención y los recursos que se merece[2]. En este modelo, Dios está en el centro de nuestros círculos de intimidad, seguido de nuestro cónyuge o amistad más significativa, hijos o familia, amigos, compañeros del trabajo, la iglesia y más allá. Gestionar bien estos círculos es importantísimo para nuestra salud personal y relacional.

Sé que podría hacer que algunas personas se sintieran incómodas trayendo un término como "intimidad" a los negocios, pero el hecho de aplicar este concepto ayuda y es apropiado de diversas maneras. Lo primero, hay un orden de prioridad en las relaciones de negocios, y honrar este orden es esencial para el éxito y la salud de un negocio. En segundo lugar, hay una intimidad sano que debería desarrollarse en el contexto de construir relaciones de negocios de honor y saludables, especialmente en el círculo íntimo del equipo ejecutivo del negocio. Danny define "intimidad" como "en-mi-ves porque te lo he mostrado". La intimidad se crea siendo lo suficientemente poderosos como para permitir que las personas vean nuestro verdadero ser y estando presentes y contribuyendo plenamente a una relación o colaboración.

---

2 Silk, *Mantén Encendido Tu Amor*, 127-130

Es la calidad de cada conexión que muestra las dinámicas saludables y libres de temor que se han descrito anteriormente.

El orden de prioridad para las relaciones en los negocios normalmente se divide en tres niveles o círculos. El equipo ejecutivo pertenece al círculo más interno. Las demás relaciones y equipos (directores, empleados) pertenecen al segundo círculo y las relaciones externas (clientes, vendedores, etc.) pertenecen al tercer círculo. La salud de las relaciones en el nivel ejecutivo son las que al final moldean la salud interna de toda la organización. Solo un negocio que está internamente sano puede gestionar relaciones externas saludables.

● Equipo Ejecutivo, Miembros del Consejo, Consejeros (todas las personas clave que toman decisiones)

● Supervisores, Directores de nivel intermedio, Empleados (todos los que ejecutan las decisiones)

● Clientes, Vendedores, Servicios Profesionales, Competencia

Puede que te estés preguntando, "¿Llegan a tomar un lugar prioritario la relaciones internas de una compañía u organización por encima de su relación con sus clientes? ¿No significa "El cliente es lo primero" que el cliente siempre debería ser lo primero?" Aun cuando muchos negocios actúan como si los clientes fuesen lo primero, los negocios más saludables son los que priorizan las relaciones internas entre su círculo de decisión (equipo ejecutivo, etc.) y su círculo ejecutor de dichas decisiones (supervisores, empleados, etc.). Estos círculos deben verse alineados y conectados si la compañía u organización espera entregar de manera consistente bienes y servicios excelentes a sus clientes. En el libro *Start with Why* ("Empieza con el Por qué") Simon Sinek apunta que Southwest Airlines utiliza este enfoque de "empleados antes que clientes":

Herb Kelleher, dirigente de Southwest durante veinte años, fue considerado un hereje al postular la idea de que es la responsabilidad de la compañía cuidar de sus empleados en primer lugar. Los empleados felices aseguran que haya clientes felices, dijo. Y los clientes felices se aseguran de que haya accionistas felices, en ese orden... Southwest Airlines, una compañía famosa por centrarse en el cliente, no cree, como política, que el cliente siempre tiene razón. Southwest no tolera clientes que abusan de su personal. Prefieren que esos clientes vuelen con otra aerolínea. Es una ironía sutil que una de las mejores compañías en servicio al cliente del país se centre en sus empleados antes que en sus clientes. La confianza establecida entre directivos y empleados, no el dogma, es lo que hace que provean un gran servicio al cliente[3].

INGREDIENTES PARA UN EQUIPO EJECUTIVO QUE HONRA

Aunque no utilizan el término "honor", dos clásicos de los negocios (*Good to Great* de Jim Collins, y *Las Cinco Disfunciones de un Equipo* de Patrick Lencioni) apoyan la premisa de que la salud relacional de un equipo ejecutivo influye en la salud y éxito organizacional y ofrece algunas de mis revelaciones favoritas sobre los ingredientes que debe tener un equipo ejecutivo.

Según Collins, a nivel ejecutivo las grandes compañías tienen dos componentes. El primer componente es lo que él denomina un "Nivel 5", Director Ejecutivo, un líder que tiene "la mezcla paradójica de humildad personal y voluntad profesional" y que "canaliza las necesidades de su ego fuera de sí mismo para introducirla en la meta más alta de construir una gran compañía"[4]. Los líderes del nivel 5 "miran por la ventana para atribuir el éxito a factores que no son ellos mismos", y "miran en el espejo y se culpan (cuando las cosas no van bien), responsabilizándose por completo"[5].

---

3 Simon Sinek, *Start with Why: How Great Leaders Inspire Everyone to Take Action*, Kindle Edition (Nueva York: Penguin Publishing Group, 2014), 83, 105.

4 Collins, *Good to Great:Why Some Companies Make the Leap...And Others Don't* (Nueva York; Harper Buisness, 2001), 20-21

5 Jim Collins, *Good to Great*, 39.

En segundo lugar, las grandes compañías tienen un equipo ejecutivo que se pone de acuerdo con las prioridades y pasión del Director Ejecutivo, esto es, los miembros del equipo forman parte de los líderes de nivel 5. Es por esto por lo que los líderes del nivel 5 priorizan en el "quién" antes del "qué" al reunir su equipo, y la razón por la que la gente "correcta" también coloca el "quién" antes del "qué" y la grandeza corporativa antes de la individual. Como dice Collins, cuando los miembros del equipo ejecutivo están en el "autobús por las demás personas que van en ese mismo autobús"[6], en vez de por el destino del autobús, pueden adaptarse mejor a un cambio de dirección y se "motivan a sí mismos mediante un impulso interno de producir los mejores resultados y ser parte de la creación de algo grande"[7].

En otras palabras, el factor distintivo y la ventaja que tienen las grandes compañías en su liderazgo no descansan en la pericia, el talento o la capacidad individual, sino en el honroso valor de ofrecer lo mejor de ellos a sus equipo y a su compañía. La descripción de Collins de un gran equipo ejecutivo es uno que demuestra los valores, las motivaciones, los compromisos y los comportamientos del honor. Están:

- Motivados desde dentro para vivir según los compromisos contraídos de carácter: la honestidad, la humildad, el trabajo duro, la excelencia, etc.
- Completamente comprometidos con funcionar y liderar como un equipo saludable.
- Centrados en servir y hacer lo mejor para el negocio.
- Contribuyendo de manera activa a la visión y estrategia del negocio.
- Preparados para responsabilizarse de las decisiones.

Collins contrasta este modelo de liderazgo ejecutivo con el que denomina el modelo del "genio con mil ayudantes". "En este modelo, la compañía es una plataforma para los talentos de un individuo

---

6 Jim Collins, *Good to Great*, 42.
7 Jim Collins, *Good to Great*, 42.

extraordinario. En estos casos, el genio sobresaliente, la fuerza motriz primaria para el éxito de la compañía es un gran activo, siempre y cuando el genio siga presente"[8]. Con todo lo brillantes que son algunos genios de los negocios, no pueden suplir la falta de fuerza y longevidad necesaria para construir un equipo fuerte de gestión que tendrá que estar totalmente involucrado en el liderazgo de la compañía y cuyas interacciones saludables y robustas los capacitan para acceder al genio colectivo que, a la larga, producirá una mejor toma de decisiones y resultados.

La descripción de Patrick Lencioni de qué son equipos saludables y eficaces también presenta un cuadro de compromiso mutuo practicando comportamientos relacionalmente saludables, que producen una buena toma de decisiones y un enfoque disciplinado sobre cómo conseguir los mejores resultados para la compañía. Da un resumen útil de estos comportamientos y de las disfunciones que vencen, en *Venciendo las Cinco Disfunciones de un Equipo: Una Guía de Campo*:

Disfunción #1: Ausencia de Confianza: Los miembros de grandes equipos confían entre sí a un nivel fundamental y emocional y están cómodos siendo vulnerables los unos con los otros sobre sus debilidades, errores, temores y comportamientos. Llegan al punto en el que pueden ser totalmente abiertos los unos con los otros, sin utilizar filtros. Esto es esencial, porque...

Disfunción #2: Temor al Conflicto... los equipos en los que hay confianza no temen entrar en un diálogo apasionado sobre temas y decisiones que son clave para el éxito de la organización. No dudan a la hora de manifestar su desacuerdo, desafiar y cuestionarse los unos a los otros, todo hecho con la intención de encontrar las mejores respuestas, descubrir la verdad, y

Disfunción #3: Falta de Compromiso... los equipos que entran abiertamente en un conflicto pueden conseguir una aceptación genuina en las decisiones importantes, aun cuando varios de

---

8 Jim Collins, *Good to Great*, 36.

los miembros del equipo estuvieran inicialmente en desacuerdo. Eso es porque se aseguran de que todas las opiniones e ideas se expongan y consideren, ofreciendo confianza a los miembros del equipo de que no se ha dejado piedra sin mover. Esto es de suma importancia porque...

Disfunción #4: Evitar Rendir Cuentas... los equipos que se comprometen a llevar adelante decisiones y estándares de cumplimiento no dudan a la hora de responsabilizar a los demás del cumplimiento de dichas decisiones y estándares. Además, no se apoyan en el líder del equipo como fuente principal de responsabilidad, sino que acuden directamente a sus compañeros. Esto importa porque...

Disfunción #5: Prestar Insuficiente Atención a los Resultados... los equipos que confían entre sí, no temen al conflicto, se comprometen con las decisiones y se responsabilizan entre sí, muy probablemente dejarán a un lado sus necesidades y agendas individuales y se centrarán casi exclusivamente en lo que sea mejor para el equipo. No ceden ante la tentación de colocar sus departamentos, aspiraciones profesionales o estatus egoísta por encima de los resultados colectivos que definen el éxito del equipo[9].

Cada comportamiento descrito aquí por Lencioni es un comportamiento de honor. Los equipos funcionales y con éxito son equipos que honran y que son relacionalmente saludables y estos son los equipos que consiguen los mejores resultados. Los negocios de honor dan auge a estos equipos en toda la organización, empezando desde arriba.

EL HONOR SACA LO MEJOR

En los próximos capítulos, exploraremos en gran detalle los comportamientos relacionalmente saludables que describen Collins y

---

9 Patrick Lencioni, *Las Cincos Disfunciones de un Equipo* (San Francisco: Jossey-Bass, 2005), 7

Lencioni y compartiremos historias, revelación y pasos prácticos que te pueden ayudar a crecer en estos comportamientos. Pero primeramente, veamos más de cerca el asunto de la motivación interna. ¿Qué motiva a los líderes de los negocios a comportarse de maneras honorables y relacionalmente saludables? Según Collins, *no* se ven motivados por el dinero. Su estudio mostró que la compensación ejecutiva no tenía ningún efecto en el éxito de las compañías que pasan de "buenas a geniales". Más bien, Collins identifica dos motivadores que surgieron en los líderes que estudió. En primer lugar, se ven motivados por un "código moral" que "requiere que su excelencia se construya para su propio beneficio", razón por la que "hacen las cosas correctas y generan los mejores resultados de los que son capaces, a pesar del sistema de incentivos"[10]. En segundo lugar, Collins utiliza un término que, como "Intimidad", no solemos tomarnos en serio en los negocios, pero que es totalmente imprescindible para el corazón de honor: *el amor*. Collins no pudo evitar darse cuenta de que el "amor" era mencionado a menudo en las entrevistas hechas a ejecutivos cuando describían sus vidas en los negocios. Llegó a la conclusión:

> Los miembros de los equipos que pasan de buenos a geniales solían convertirse en amigos y seguir siéndolo durante el resto de sus vidas. En muchos casos, siguen en contacto los unos con los otros años o décadas después de haber trabajado juntos. Era asombroso escucharlos hablar sobre la época de transición, ya que no importa lo oscuro del momento o la enormidad de la tarea, ¡estas personas se divertían! Disfrutaban de su mutua compañía y estaban deseando reunirse. Cierta cantidad de ejecutivos hablaban de sus años en los equipos cuando pasaron de buenos a geniales como el punto álgido de sus vidas. Sus experiencias iban más allá del respeto mutuo (que por supuesto tenían), hasta llegar a un compañerismo duradero... Las personas a las que entrevistamos en las compañías que pasaron de buenas a geniales evidentemente amaban lo que hacían, en gran parte porque amaban a las personas con las que lo hacían[11].

---

10 Collins, *Good to Great*, 50
11 Collins, *Good to Great*, 62

Estas dos cosas, el código de hacer lo excelente y correcto y el amor a las personas, son el centro del honor. Estas son las motivaciones que sacan la verdadera grandeza que hay en las personas y en los negocios que regentan.

Algunas personas, aquellas que solo conocen relaciones y culturas dirigidas por el temor, ven las relaciones profundas y de cariño como lastres en los negocios. Es mejor estar desconectado para que puedas seguir siendo frío cuando se trate de hacer lo mejor para el negocio, especialmente cuando se trata de mover a las personas o de despedirlas.

Pero, en realidad, lo han entendido exactamente al revés. El despego, especialmente a nivel ejecutivo, lleva a la disfunción. En el centro de las compañías verdaderamente "grandes", Collins encontró un grupo de personas que eran más que compañeras. Eran colegas, amigos, hermanos y hermanas. Crearon conexiones profundas, duraderas y llenas de significado. Les apasionaba quién estaba en su equipo. Su compromiso relacional no era un estorbo, sino la cosa misma que los motivaba a colaborar y a hacer todo lo que estuviera en su poder para tomar las mejores decisiones para su compañía. Lejos de estorbar su capacidad de tomar decisiones duras, alimentaba un enfoque peculiarmente "riguroso" en vez de "despiadado" a la hora de colocar a las personas correctas en las posiciones correctas.

NUESTRO VIAJE HACIA LAS RELACIONES DE NEGOCIOS

En un tiempo en el que la longevidad en las relaciones en los negocios parece estar definitivamente a la baja, me considero bendecido de tener un equipo ejecutivo en el que la menor antigüedad de cualquiera de nuestros miembros es de una década. Rich, nuestro vicepresidente, ha estado con la compañía durante veinticinco años; Tim, nuestro vicepresidente de operaciones, ha estado con nosotros durante quince años, y Matt, nuestro director de proyectos, ha estado con nosotros durante diez años. Tanto Rich como Tim capearon conmigo los años de la casi fatal crisis y de recuperación, y puedo decir con toda honestidad que hasta en los momentos más difíciles nos divertimos juntos. Matt se unió a la compañía cuando tan solo tenía veintidós años, y ascendió al navegar por los desafíos de un crecimiento exponencial.

Considero a estos tres hombres mis amigos de confianza que han demostrado ser hombres de honor y nos han ayudado a tomar, de manera constante, las mejores decisiones (o, al menos, a evitar las malas) para la compañía. Juntos, hemos trabajado por mantener un entorno relacional con alto grado de confianza, honestidad, transparencia, diversión, aprecio y cariño genuino. Tomamos todas las decisiones importantes y solucionamos los asuntos como equipo y tenemos un historial muy bueno de conseguir la aceptación, si no el consenso, una vez que cada persona contribuye al debate. Aunque soy la persona responsable de las decisiones finales, mi equipo sabe que quiero su retroalimentación y me gusta que corrijan mi sugerencias o las sustituyan por otras mejores. Tras muchos años juntos, hemos aprendido a compartir nuestras opiniones con libertad y sin temor, pedir lo que necesitamos, debatir de manera vigorosa aunque respetuosa, confrontarnos, solucionar conflictos y responsabilizarnos los unos a los otros. Me siento increíblemente seguro al saber que me he rodeado con personas muy inteligentes que están alineadas de manera completa con mis valores y visión para la compañía. Todos estamos de acuerdo que al ser una compañía de servicios, tenemos que actuar como socios con nuestros clientes y que, para hacer esto, la actitud de la sociedad deben infiltrar cada aspecto de nuestro ecosistema relacional.

En general, hemos tenido éxito a la hora de traducir esta cultura para nuestros empleados de campo. Nos esforzamos en hacer que se sientan seguros, valorados, incluidos, apreciados y que se confía en ellos, y animamos a que haya en la organización una comunicación honesta y una retroalimentación que vaya en ambos sentidos. Una de las formas más sencillas, aunque más críticas y directas, en las que nuestros empleados saben que tenemos en consideración sus necesidades e intereses en nuestras decisiones es que nunca les pagamos con retraso, ni siquiera en tiempos de crisis. No importa cuál sea nuestro estado financiero, pagamos puntualmente a nuestro personal salarios justos y correctos, y primas cuando es lo correcto y ofrecemos acceso a servicios médicos. En mi creciente papel de consultor para otros hombres y mujeres de negocios, tanto en empresas sin ánimo de lucro como las demás, veo que faltan los aspectos más básicos de la gestión de un negocio, como puede ser éste. Como consecuencia, los empleados no se sienten valorados y hay un nerviosismo generalizado dentro de la fuerza de trabajo. Entiendo lo difícil que puede ser gestionar todos los tipos de crisis existentes en un negocio, pero también entiendo que aquellos que trabajan necesitan poder confiar en que su compañía va a hacer lo correcto.

El último capítulo te dio cierta idea de cómo he creado nuestras relaciones externas como sociedades con nuestros socios. También he tratado nuestras relaciones con nuestros clientes como sociedades; sin embargo, nuestro enfoque hacia estas sociedades ha cambiado a medida que nuestra compañía ha madurado.

Cuando era una compañía joven, teníamos que abrirnos paso para obtener trabajos y recomendaciones, así que apostábamos de manera agresiva por cualquier trabajo que llegase a nuestro conocimiento, nos registrábamos para trabajos nuevos, apostábamos fuertemente por contratistas con los que no teníamos relación alguna y básicamente trabajábamos para cualquiera que nos contratase. No teníamos un proceso establecido con el que analizar la ética o el historial de pagos de nuestros clientes.

En nuestros años de adolescencia, aprendimos una cantidad de duras lecciones sobre cómo y con quién debíamos hacer negocios. Algunas de estas lecciones, como ya he descrito, estaban arraigadas en cambios más amplios del mercado. Otras fueron a causa de nuestros propios errores. Por ejemplo, nos hicimos daño en varias ocasiones igualando precios para quitar trabajos a nuestra competencia. También al estar constantemente extendiéndonos hacia proyectos más grandes y complejos en otros mercados nos encontramos superados por nuestra propia fuerza de trabajo, flujo de dinero y cuentas pendientes. Otras lecciones fueron a causa de los errores o acciones poco éticas de nuestros clientes.

Como compañía ya madura, hemos aprendido a priorizar el trabajo con socios con los que llevamos tiempo, a limitar las compañías a las que hacemos un precio especial y a trabajar exclusivamente dentro de esta zona de comodidad. Con algunos de nuestros clientes, trabajamos para divisiones seleccionadas basándonos en nuestras relaciones y no nos apartamos de esa división. Inevitablemente, hay disputas entre subcontratistas y contratistas, pero el hecho de tener una relación con estas compañías nos permite alcanzar acuerdos justos y seguir avanzando hacia el próximo proyecto. Cuando los contratistas nuevos nos piden que presupuestemos sus proyectos, entrevistamos a su equipo de proyecto, investigamos la compañía, miramos su misión, visión y valores, hablamos con otras subcontratas y hacemos buenas preguntas antes de acceder a trabajar con ellos. Hemos aprendido que merece la pena el tiempo y el esfuerzo empleados en escoger relaciones con contratistas que comparten nuestros valores, de la misma forma como lo hacemos internamente con los miembros de nuestro equipo y empleados.

TRES DIMENSIONES PARA PRACTICAR EL HONOR

Ahora que hemos cubierto los valores principales, los compromisos, las motivaciones y el orden de prioridad para las relaciones en los negocios, es hora de hablar de cómo gestionarlo bien. Veo que esta mayordomía tiene tres dimensiones básicas que yo denomino inversión relacional, gestión del riesgo relacional y recompensa relacional. Exploraremos cada una de ellas en los próximos capítulos.

Capítulo 6

INVERSIÓN RELACIONAL

El término "seguridad psicológica" se ha vuelto más y más popular en los últimos años, gracias al "Proyecto Aristóteles", un estudio realizado por Google para intentar descubrir qué hace que ciertos equipos tengan mucho éxito y otros no tanto. Utilizando datos de 180 equipos diferentes de Google, los investigadores del estudio analizaron primero los factores de compatibilidad en la composición del equipo (género, nivel de estudios, hobbies, personalidad, etc.). Sin embargo, no importaba cómo se ordenasen estos factores, ninguna combinación parecía ser "el factor clave" para los equipos con éxito. De hecho, la compatibilidad de los miembros del equipo no tenía *ninguna* relación con el éxito del equipo.

Los investigadores entonces centraron su enfoque en las normas del grupo, "las tradiciones, los estándares de comportamiento y las normas no escritas"[1], que regían las diferentes maneras en las que los equipos actuaban entre sí y colaboraban. Al principio, no surgió ningún patrón relevante entre las normas de los equipos con éxito:

---

1 Charles Duhigg, "What Google Learned from Its Quest to Build the Perfect Team", *The New York Times Magazine*, 24 de febrero.

Estudio de Google...identificó docenas de comportamientos que parecían importantes con la excepción de que a veces las normas de un equipo eficaz eran tremendamente diferentes a las de otro igualmente eficaz. ¿Era mejor dejar que todos dijeran todo lo que quisieran, o deberían los líderes fuertes poner fin a los debates interminables? ¿Era más eficaz que las personas mostrasen su desacuerdo abiertamente entre sí, o se deberían calmar los conflictos? Los datos no ofrecieron veredictos claros. De hecho, a veces los datos señalaban en direcciones opuestas[2].

Por fin, sin embargo, los investigadores descubrieron el concepto de la seguridad psicológica. La profesora Amy Edmondson de Harvard Business School define la seguridad psicológica como una "creencia compartida por los miembros de un equipo de que el equipo está seguro a la hora de tomar riesgos interpersonales. Es un sentimiento de confianza en que el equipo no avergonzará, rechazará ni castigará a alguien si se hace oír... y describe un clima de equipo caracterizado por confianza interpersonal y respeto mutuo en el que las personas están cómodas siendo ellas mismas"[3]. Los investigadores de Google llegaron a la conclusión de que, cualquiera que fuera su estilo de colaboración y comunicación, el factor distintivo de los equipos con éxito era que adoptaban normas que fomentaban la seguridad psicológica entre sus miembros.

No pude evitar darme cuenta de que la definición de Edmonson de la seguridad psicológica se parecía mucho a la definición de confianza de Patrick Lencioni en las *Cinco Disfunciones de un Equipo*:

En el contexto de crear un equipo, la confianza es la certeza entre los miembros del equipo de que las intenciones de sus compañeros son buenas y de que no hay motivo alguno para estar a la defensiva o andarse con cuidado cuando se está

---

2 Duhigg, ibid.
3 Duhigg, ibid

con el grupo. En esencia, los miembros del equipo se sienten cómodos siendo vulnerables los unos con los otros[4].

Tanto Lencioni como los investigadores de Google describen la *experiencia* compartida que crean los equipos con éxito entre sus miembros. Sin embargo, veo "confianza" y "seguridad psicológica" como aspectos y efectos de esta experiencia, en vez de ser términos que capturan de manera total la esencia de esa experiencia. Creo que un término más adecuado para esta experiencia es *conexión*.

Brené Brown define la conexión como *"la energía que existe entre las personas cuando sienten que son vistas, escuchadas y valoradas; cuando pueden dar y recibir sin juicio; y cuando derivan su sustento y fuerza de la relación"*[5]. La experiencia de la conexión, para la que tanto la seguridad (de aquí en adelante me referiré a la seguridad psicológica como seguridad) y la confianza son esenciales, es la que satisface nuestras necesidades relacionales y emocionales más profundas. Cuando se suplen estas necesidades, revivimos, florecemos y prosperamos. Las conexiones saludables crean la oportunidad para que lo mejor que hay en nosotros salga a la superficie y enriquezca a los que nos rodean. Crear conexión en las relaciones de negocios y en los equipos es la clave para una colaboración eficiente.

La conexión es la experiencia que tenemos que tener en mente cuando hablamos acerca de inversión relacional. Cuando invertimos nuestro dinero, queremos que nuestros dólares crezcan para que podamos hacer más cosas con ellos. Cuando invertimos en relaciones, tanto personales como profesionales, queremos que nuestro nivel de conexión crezca para que podamos hacer más cosas juntos. Así que, ¿cómo creamos y fortalecemos la conexión?

---

4 Lencioni, *Las Cinco Disfunciones de un Equipo*, 195

5 Brené Brown, *The Gifts of Imperfection*, edición Kindle (Center City, MN: Hazelden Publishing, 2010), 19

TRES PRIORIDADES CONDUCTUALES Y TRES EFECTOS

Las definiciones de seguridad, confianza y conexión que se han citado anteriormente nos dan algunas de las listas iniciales de *comportamientos* y *efectos* que comportan la experiencia de la conexión. En la categoría de comportamiento, vemos cosas como tomar riesgos interpersonales, ser uno mismo, decir lo que se piensa, dar y recibir, y ser vulnerable. En la categoría de efectos, vemos seguridad, confianza, respeto, confort, apoyo, sostén y aceptación. Las definiciones también mencionan algunas de las cosas que no experimentamos en una conexión saludable, que son igual de importantes: la crítica, la vergüenza, el rechazo, el castigo y el juicio. Es importante entender cada una de estas áreas para poder tener claro qué se tiene que invertir en las relaciones con las personas y cómo crear conexiones saludables.

En su nivel más básico, la conexión se crea a través de estos tres conjuntos de dinámicas conductuales:

1. La manera en la que mostramos a los demás quién somos,
2. La manera en la que los demás responden cuando les mostramos quién somos, y
3. La manera en la que respondemos ante los demás cuando nos muestran quién son.

En las relaciones de honor, hay ciertas prioridades específicas que gobiernan cada una de estás áreas de comportamiento, cada una de las cuales está apoyada y dirigida por creencias principales de honor y compromisos relacionales. La prioridad de honrar a la hora de mostrar a los demás quién somos está en *decir la verdad*. Queremos mostrar y dejar a la luz nuestras ideas, convicciones, preferencias, sentimientos y necesidades sin distorsiones, ilusiones ni hipocresía. Al acercarnos a las personas que están respondiendo a nuestra apertura, la prioridad de honrar se demuestra *recibiendo bien*. En vez de intentar controlar o resistir a las personas, permitimos e invitamos a que entren en nuestro espacio y recibimos lo que nos estén ofreciendo: apoyo, instrucción, ánimo y demás. Al responder a los demás, la prioridad de honrar se lleva a cabo *sirviendo bien.* Queremos llegar a conocer a las personas para poder ofrecer los recursos de nuestras vidas que les beneficien y suplan sus necesidades.

También podemos destilar los efectos de la conexión en tres categorías básicas:

1. Confianza – el sentimiento de *confiar* en otra persona
2. Seguridad – el sentimiento de *confort* al estar con otra persona
3. Pertenencia – el sentimiento de *cercanía* al estar con otra persona.

El hecho de llevar a cabo estas tres prioridades del comportamiento de honor, decir la verdad, recibir bien y servir bien, es lo que fomenta y sostiene la confianza, la seguridad y la pertenencia en las relaciones. Cuanto mejor se nos den estas cosas, más se desarrollarán estos efectos profundizando y fortaleciendo nuestros vínculos relacionales. Estos son los elementos que conforman una conexión saludable. De la misma forma, no decir la verdad, ni recibir bien ni servir bien producen los efectos opuestos, falta de confianza, ansiedad y distancia, que debilitan y destruyen nuestros vínculos relacionales. Estos son los elementos de una conexión enfermiza y de la desconexión. Echemos un vistazo más de cerca a estas áreas de comportamiento.

DECIR LA VERDAD

Hay muchas formas en las que mostramos a los demás quién somos: permitiendo que las personas vean cómo escogemos comportarnos en diferentes escenarios, contando nuestras historias, expresando lo que nos gusta y lo que no, y mucho más. Pero el elemento principal en todas estas formas de comunicarse es que desvelan la verdad interior, nuestros pensamientos, sentimientos y necesidades. El hecho de comunicarse a este nivel da a las personas la oportunidad de conocernos y crear una conexión con nosotros.

Desafortunadamente, el hecho de comunicar nuestros pensamientos, sentimientos y necesidades de una manera honesta y saludable no es fácil para muchos de nosotros, por varias razones. Para empezar, el entrenamiento y las herramientas que recibimos para identificar lo que está ocurriendo en nuestro interior y para verbalizarlo de manera correcta o no existían o se rompieron mientras crecíamos. Muchos crecimos con declaraciones como, "Los niños tienen que ser vistos pero no oídos", "Las niñas son muy emotivas", o "Los hombres no lloran", que nos desmotivaban a la hora de desarrollar una conciencia emocional o de expresar nuestras necesidades. Por otra parte, todos hemos experimentado dolor al ser vulnerables con los demás. Nos criticaron, juzgaron, castigaron, rechazaron o avergonzaron y, como consecuencia, aprendimos a protegernos escondiendo la verdad. A causa de todo esto, a muchos de nosotros nos resulta difícil conocer la verdad de nuestro interior, y mucho más comunicarla.

Como explica Danny Silk en *Mantén Encendido Tu Amor*, hay tres estilos de comunicación clásicos que adoptamos cuando no sabemos cómo comunicar la verdad o cuando tenemos miedo a hacerlo: la comunicación pasiva, la comunicación agresiva y la comunicación pasivo-agresiva[6].

La comunicación pasiva dice, "No te voy a mostrar quién soy". Se trata básicamente de un acto de desaparición. Intentamos proteger nuestro interior bajo la pretensión de no tener pensamientos, sentimientos ni necesidades. Nos negamos a aparecer dejando que nuestras opiniones y necesidades influencien la toma de decisiones en nuestras relaciones y colaboración. En un contexto de equipo, la comunicación pasiva dice algo así, "Lo que todos quieran. En realidad no quiero ser parte de esto". A menudo se escucha en forma de silencio.

La comunicación agresiva dice, "Te voy a mostrar quién soy, pero voy a controlar la forma en la que me respondas". Aunque "agresiva" sugiere que es una comunicación "enfadada", y a menudo lo es, también puede ser carismática, optimista y hasta encantadora. De cualquier forma, su efecto es cerrar los pensamientos, sentimientos y necesidades de los demás para que el comunicador sea la única persona que pueda influenciar en el resultado de la interacción. Esto es una protección contra la ofensa más que una defensa. En un contexto de

---

6 Silk, *Mantén Encendido Tu Amor*, 83-95

equipo, la comunicación agresiva sería, "Así es como va a ser, amigos. Lo hacemos como yo digo".

La comunicación pasivo-agresiva dice, "No te voy a mostrar quién soy y voy a controlar la forma en la que me respondas". Este estilo es el más mortífero de comunicación defensiva y que oculta la verdad, porque eleva el engaño y la manipulación a otro nivel. En el contexto de un equipo, la comunicación pasivo-agresiva dice, "Por supuesto, lo hacemos como dices tú. Te permitiré que pienses que estoy de acuerdo. Pero puedes estar seguro de que voy a encontrar la manera en la que dejarte en ridículo, castigarte o hacer que las cosas se vuelvan contra ti en cuanto pueda".

Cada uno de estos estilos de comunicación es tóxico para el trabajo en equipo y la colaboración. Hacen que la comunicación saludable sea imposible, porque, a fin de cuentas, está basada en el temor, en la protección de uno mismo y en controlar a las personas en vez de permitir que nos conozcan. También son lo que Patrick Lencioni denomina "políticas". Dice, "La política es cuando las personas escogen sus palabras y acciones basándose en cómo quieren que reaccionen los demás en vez de basándose en lo que piensan de verdad"[7]. La política destruye el trabajo en equipo porque hace que cada miembro emplee su tiempo preocupándose de cómo manipular su comunicación y evitan que la verdad salga a la luz para así poder tomar buenas decisiones.

El estilo de comunicación que es saludable y alineado con las creencias principales y compromisos del honor se denomina comunicación asertiva. La comunicación asertiva es valiente y vulnerable. Dice, "Te voy a decir la verdad de mis pensamientos, sentimientos y necesidades". Demuestra confianza ya que dice, "No voy a hacer nada para intentar manipular ni controlar la forma en la que me ves o me respondes". También es poderosa y responsable. Además de desvelar la verdad interna, demuestra un compromiso con la verdad al expresar responsabilidad en las decisiones y sus consecuencias. Dice, "Voy a hacer tal y tal cosa. Y respaldaré la verdad de lo que acabo de decir con mis acciones". O, "Es cierto que hice aquello y pido perdón por cómo te hirió. Esa no fue mi intención". Por último, la comunicación asertiva demuestra una mentalidad saludable. Dice, "Mis pensamientos, sentimientos y necesidades tienen valor, y los tuyos también. Seré generoso con la verdad en nuestra conexión".

---

7 Lencioni, *Las Cinco Disfunciones del Equipo*, 88

La comunicación asertiva fomenta la confianza, la seguridad y el sentimiento de pertenencia. El hecho de decir la verdad, especialmente la verdad difícil de comunicar, es una de las cosas principales que hace que las personas, que de verdad quieren conocernos, confíen en nosotros. Cuando confesamos nuestras emociones dolorosas, nuestras luchas, dudas, fracasos, frustraciones o debilidades, podemos causar una reacción en las personas que se ofenden con facilidad y tienen miedo de la verdad, pero para los que quieren la verdad, les damos la *confianza* de que no nos estamos escondiendo de ellos. También creamos *comodidad* al demostrar que nuestra relación es un lugar seguro para compartir la verdad y *cercanía* al demostrar que es un lugar en el que decir la verdad hace que seamos aceptados y conocidos.

LA VERDAD EN EL EQUIPO

El hecho de practicar la comunicación asertiva cuando se está conmigo ha sido una prioridad para mí desde un principio. Cada martes por la mañana, nuestro equipo ejecutivo saca a relucir lo bueno, lo malo y lo feo en nuestras reuniones de operaciones y hemos trabajado duro para asegurarnos de que los pensamientos y sentimientos de cada uno salen a la luz durante ese tiempo. Normalmente empezamos empleando de quince a veinte minutos para conectar a nivel personal. Cuando nos adentramos en los negocios, yo tomo el liderazgo comunicando, algunos dirían en exceso, los asuntos corrientes con los que estamos tratando y demostrando que tanto lo que se espera como el estándar de la comunicación es que haya una transparencia total. Después invito a cada persona sentada a la mesa a compartir la información que tiene y a sazonarla con sus opiniones y preocupaciones. Lo que suele ocurrir es que tratamos diversos problemas con los proyectos del momento, pero cuando empezamos o terminamos un trabajo, empleamos la reunión para hacer un pre o post-mortem de ese proyecto en particular. Los post-mortem pueden ser un desafío porque es ahí donde miramos a la realidad de lo que fue bien o mal en un trabajo. Siempre recuerdo a todo el mundo que nuestra meta al mirar nuestros fallos no es señalar con el dedo sino identificar dónde podemos aprender y mejorar al seguir adelante. De vez en cuando, las personas se ponen a la defensiva cuando estamos hablando de fallos, especialmente de los que acarrean grandes consecuencias, pero en general en esa mesa podemos decir la verdad sobre los fallos y fracasos sin temor al castigo. También es un lugar en el que la voz de cada persona es escuchada y las preocupaciones de cada persona son valoradas y consideradas en las decisiones finales que tomamos.

Al entrar en una cultura en la que se espera que se diga la verdad de manera vulnerable, los que no están acostumbrados a hacerlo pueden experimentar un sentimiento de temor, y algunos de los miembros de nuestro equipo se han visto retados a comunicarse de manera asertiva. Por ejemplo, nuestro director de proyecto, Matt, que se unió a la compañía siendo un joven de veinte años recién salido de la facultad con su título en gestión de la construcción, permaneció callado gran parte del tiempo por años durante nuestras reuniones de operaciones. Gradualmente, al insistir en pedirle sus opiniones y retroalimentación, y al observar cómo valorábamos y protegíamos la vulnerabilidad y el riesgo en el equipo, se aventuró a compartir sus ideas y aportaciones. Hoy podemos contar con su voz y percepción al tomar decisiones para la compañía ya que ha aprendido a apropiarse de su lugar alrededor de la mesa.

Otro miembro del equipo que no estaba acostumbrado a comunicarse de manera asertiva cuando se unió al nosotros fue nuestro primer superintendente general, Bert, un hombre grande y rudo que parecía ser un cruce entre Santa Claus y un leñador.

Cuando Bert pasó al lado de mi escritorio el primer día que vino a la oficina, sonreí y dije, "Buenos días, Bert".

Asintió rápidamente y dijo, "Buenos días, jefe", y desapareció escaleras arriba.

Tuvimos el mismo intercambio la mañana siguiente, y la que siguió a esa. Cuando ocurrió la cuarta mañana, esperé unos momentos después de que Bert hubo pasado por mi despacho y le seguí escaleras arriba. Me senté enfrente de él y le pregunté, "Bert, ¿por qué no te paras a hablar conmigo?"

Bert miró hacia abajo. "Bueno, mi jefe anterior vivía un estilo de vida muy al límite", me dijo. "La mayoría de las mañanas entraba en la oficina con resaca y me gritaba por los problemas de la compañía. Me acostumbré a evadirle por las mañanas para evitar la posibilidad de que fuese a por mí".

"Ya veo. Bien, siento que te pasase eso", le dije, "pero te puedo prometer que no te va a ocurrir nada semejante aquí. En este equipo, nos gustamos y hablamos los unos con los otros".

Asintió, nos dimos la mano y me fui.

A la mañana siguiente cuando saludé a Bert, se paró durante unos minutos para hablar. Terminamos haciendo eso casi cada mañana durante los siguientes quince años. En esos años, Bert creó un vínculo conmigo y nuestro equipo y formó relaciones duraderas que permanecen hasta el día de hoy. No solo eso, sino que pudimos ver lo mejor de Bert, algo que apostaría que nunca había ocurrido en su puesto anterior. Como superintendente general, su tarea era actuar como nuestro embajador en el campo, trabajando con nuestros capataces y directores de campo en los diversos proyectos y con los diferentes clientes: un trabajo en el que la comunicación asertiva es crítica. Durante su estancia, Bert creó un nivel de servicio en nuestra compañía que nunca habíamos visto antes y eso estableció un estándar por el cual seguimos operando. Si Bert decía que ya estaba resuelto, lo estaba, sin duda alguna. Su palabra era oro. Aunque se jubiló en 2010, sigue viniendo de vez en cuando para comprobar y asegurarse de que estamos haciendo las cosas a su manera. Estoy convencido de que sencillamente no hay forma que Bert creara el tipo de relaciones que creó, tanto interna como externamente, y nos pidiese que nos arriesgáramos para convertirnos en una gran compañía de servicios si no se le hubiera demostrado desde el primer día que era un lugar seguro donde él podía ser él y se hiciese oír en nuestro equipo.

RECIBIR BIEN

Decir la verdad de nuestro interior es una sensación vulnerable. Pero para muchos de nosotros, recibir de los demás nos hace sentir aún más vulnerables. Ahí es donde se encuentran algunas de nuestras heridas más profundas. En vez de recibir el deleite, consuelo, afirmación, dirección, ánimo o ayuda como respuesta a nuestros pensamientos, sentimientos o necesidades, recibimos rechazo y ridículo. Y alrededor de ese dolor construimos una fortaleza detallada de comportamientos de protección para evitar necesitar a las personas. En nuestra cultura moderna de independencia y aislamiento, el hecho de no necesitar a las personas se considera prácticamente una virtud. Sin embargo, es un problema profundo arraigado en la identidad de huérfano y evita que seamos capaces de formar las conexiones significativas que queremos y necesitamos.

Brené Brown dice:

Una de las barreras más grandes para la conexión es la importancia cultural que damos al "hacerlo solo". De alguna forma, hemos llegado a asemejar el éxito con el hecho de no necesitar a nadie. Muchos estamos dispuestos a echar una mano, pero somos reacios a pedir ayuda cuando la necesitamos. Es como si hubiésemos dividido el mundo entre "los que ofrecen ayuda" y "los que necesitan ayuda". La verdad es que somos ambas cosas[8].

En el capítulo 4, describí cómo luché a la hora de enfrentar a mis socios en los negocios durante nuestra crisis para pedirles ayuda. El temor a recibir una respuesta poco favorable dominaba mis pensamientos antes de esas reuniones. Pero sabía que era lo honorable que tenía que hacer y, al final, no solo obtuve una respuesta favorable, sino que también aprendí a recibir mejor y el por qué es tan crucial para nuestras conexiones, en los negocios y en la vida.

Una de las importantes lecciones que demostró esa experiencia fue que decir la verdad nos posiciona para recibir de los demás en el formato que necesitamos. Al escoger ser auténticos y honestos con ellos desde un principio y así honrar nuestra conexión, me facilité la posibilidad de recibir exactamente lo que estaba pidiendo. Una de las formas más rápidas de saber si alguien comparte las creencias principales y compromisos del honor es observando cómo responden ante la comunicación asertiva. Si responden a la honestidad respetuosa y vulnerable poniéndose a la defensiva o atacando, entonces revela que están dominados por el temor. Una persona honorable reconoce

---

8 Brown, *The Gifts of Imperfection*, 20-22

cuándo está siendo honrada por la verdad y devolverá honor por honor. Eso es lo que mis socios hicieron por mí. Estoy seguro de que aunque no hubieran sido capaces de cumplir con los términos exactos de mi plan por las razones que fueran, habrían hecho lo posible para ayudarme en esa situación con honor.

También experimenté la verdad de que pedir y recibir ayuda no es la cosa vergonzante que el temor nos dice que es, sino que demuestra nuestra creencias principales y el compromiso del honor. Pedir a los demás lo que necesitaba fue algo valiente y, recibirlo de ellos, algo vulnerable. Permitir que mis socios en los negocios nos extendieran su mano de ayuda demostró que confiábamos en ellos. Lejos de ser débil ni pasivo, el hecho de recibir de ellos era una parte fundamental para sostener de manera poderosa y responsable mi parte en nuestra conexión de negocios. El hecho de saber recibir también demostró una mentalidad de riqueza al reconocer que mis socios y su ayuda eran de incalculable valor para mí y mi compañía.

El hecho de saber recibir es crucial para tener una colaboración y una sociedad exitosas. Un equipo que sabe cómo recibir los unos de los otros es más posible que esté fuertemente conectado y sea capaz de hacer uso de la genialidad colectiva a la hora de tomar decisiones y construir una solución. Un ejemplo de cómo hemos visto esto en funcionamiento en nuestro equipo empezó hace años, cuando nuestro líder de equipo admitió que le estaba costando escribir una carta importante y difícil sobre un asunto complejo porque le afectaba muy de cerca. En el momento en el que fue vulnerable y pidió ayuda, todos se ofrecieron para darle opiniones. Cada persona del equipo leyó lo que había escrito y contribuyó con ideas y correcciones. Al final, la carta cubría el asunto de cada ángulo posible y era directa, profesional y honorable. Desde entonces, se ha convertido en parte de la cultura de nuestra compañía que todos nos ayudamos cuando estamos redactando documentos importantes.

El hecho de saber recibir crea confianza, seguridad y un sentimiento de pertenencia en nuestras conexiones. El estar dispuesto a escuchar, aprender y ser influenciado por otra persona hace que ellos se sientan confiados con nosotros. Mostrar que no rechazamos lo que quieren darnos, ni intentamos controlar cómo nos lo dan, crea un sentimiento de comodidad. Permitirles que entren en áreas de necesidad contribuye de manera inevitable a que aumente la cercanía.

SERVIR BIEN

Aprender a recibir es crítico para aprender a servir bien. Cuando Jesús enseñó a Sus discípulos a servir en la última cena, lo hizo pidiéndoles que primeramente recibieran Su servicio. Solo entonces, cuando hubieron tenido esta experiencia vulnerable y aleccionadora de permitir que Él lavara sus pies sucios, pudieron comprender lo que significa ofrecer servicio a los demás[9].

Como señaló Brené Brown, a muchos de los que pensamos que somos "dadores" nos cuesta recibir. Nos gusta dar porque pensamos que nos permite seguir en control. Pero siempre y cuando este sea el caso, nuestro dar tendrá más que ver con nosotros que con la persona a la que estamos dando. En realidad no será un expresión de servicio. El hecho de saber servir no significa dar según nos parece a nosotros; significa acercarse lo suficiente a alguien como para ver lo que de verdad necesita y entonces intentar suplir dicha necesidad.

Admito que he sido uno de esos dadores que ha luchado con recibir, especialmente en ciertas situaciones. Por ejemplo, decidí en mis primeros años de cristiano que como hombre de negocios era mi tarea ayudar a los ministros del evangelio con sus necesidades económicas. Durante más de treinta años, el hecho de pagar la comida del pastor si salíamos juntos a cenar era una política grabada en piedra. Mi mundo se descolocó la primera vez que fui a cenar con Danny y empecé a sacar mi tarjeta de crédito para descubrir que ya había pagado nuestra comida. Me había quitado mi trabajo. Desde ese punto en adelante, empezó una competición entre nosotros cada vez que salíamos a comer, terminando en un incidente memorable en el que Danny casi hizo un placaje a la camarera para que tomase su tarjeta de crédito en vez de la mía. En ese punto, llegamos a un acuerdo de que cuando yo estuviese visitando en su ciudad, pagaba él, y cuando él estuviese de visita en la mía, yo pagaría. Esto funcionó hasta que empezamos a viajar juntos, y entonces volvió a empezar el juego.

Entonces, una noche después de haber roto nuestro acuerdo y pagar nuestra cena en su ciudad, él me preguntó, "¿Has escuchado la historia del rey Salomón y la reina de Saba?"

"Por supuesto".

---

9 Ver Juan 13:1-16

"La reina trajo montones de oro, piedras preciosas y especias desde muy lejos al hombre más rico y sabio del mundo. ¿Cómo te piensas que se hubiera sentido si el rey hubiera mirado a sus regalos diciendo: 'Oh, tengo suficiente. Te puedes quedar con todo eso'?".

Pensé un momento y dije después, "Sería genial. Se llevaría el mérito y después se podría llevar todo de vuelta a casa".

Danny se rió. "No te das cuenta de la lección. El rey la honró al aceptar sus regalos. Tienes que aprender a honrar a los demás aceptando sus regalos".

No supe qué decir. Toda mi vida de adulto se había construido sobre la noción de ser generoso con los demás. Nunca había considerado este otro punto de vista. Desde esa conversación, empecé a cambiar y a estar cómodo con las personas que quisieran bendecirme a mí, a mi familia o a mi compañía con regalos. Mientras tanto, he visto cómo el hecho de saber recibir me ha ayudado a dar de forma más honorable.

Una de los desafíos a la hora de suplir las necesidades de los demás en una relación es que requiere que adaptemos nuestro comportamiento y crezcamos. Esta es la belleza y el poder de la conexión: adaptarnos y crecer para servir a las necesidades de las personas que es cómo maduramos y nos convertimos en la mejor versión de nosotros mismos. Pero la decisión de hacerlo requiere que venzamos el temor y desarrollemos una mentalidad de crecimiento que percibe las habilidades del comportamiento como algo que se aprende en vez de que sean distintivos inalterables de nuestras personalidades.

Para Matt fue un ajuste importante el hecho de empezar a contribuir en nuestro equipo lo que necesitábamos de él, su perspectiva, percepción y opinión. Le estiró en su comportamiento más allá de su zona de confort. Permitimos que se tomase el tiempo necesario para hacer este ajuste, pero también le mostramos de manera constante que como equipo requeríamos que lo hiciese. No estábamos pidiéndole que se convirtiera en alguien que no era; estábamos pidiéndole que creciera sirviendo bien. Al hacerlo, tanto él como nuestro equipo se vieron fortalecidos en su conexión y ahora experimentamos de manera consistente los beneficios de sus contribuciones a la hora de tomar decisiones y de solucionar problemas.

No todas las conexiones en las que invertimos con nuestro servicio nos llevan a una relación a largo plazo, pero cuando es así, los beneficios que experimentamos en esas conexiones no tienen precio. Tengo un amigo que es director ejecutivo de una gran compañía de desarrollo de terrenos. Hace muchos años, tenía un ayudante a la que valoraba muchísimo que le dijo que habían diagnosticado a su esposo leucemia. Decidió enviarla a casa para que cuidase de su marido y prometió seguirla pagando su salario normal. La ayudante se pasó el siguiente año y medio cuidando de su esposo y otros seis meses de duelo una vez que le hubo perdido. Cuando volvió al trabajo, ella dijo a mi amigo lo que había significado para ella estar con su familia durante su momento más oscuro sin sentirse cargada con la presión económica de perder su salario encima de todo lo demás. Ahora ella es la directora de construcción para la compañía y uno de sus líderes de mayor confianza a causa de la conexión forjada entre ambos por un servicio sacrificado hace años .

El hecho de servir bien es como vivimos nuestros compromisos relacionales de honor. Se necesita valentía y vulnerabilidad para escoger crecer, adaptarse y acercarse a las personas para servirlas y suplir sus necesidades. Servir también demuestra confianza, confianza de que las personas a las que estamos sirviendo nos han dado acceso y permiso para entrar en sus vidas y quieren tener una conexión con nosotros. Servir es una decisión poderosa y responsable que demuestra nuestro compromiso al cuidar de la persona que está al otro lado de nuestra conexión. El servicio fluye desde una mentalidad de riqueza que ama dar generosamente para beneficiar a los demás.

La confianza, la seguridad y el sentimiento de pertenencia son el fruto de saber servir bien. Las personas que trabajan para suplir las necesidades las unas de las otras se sienten confiadas en las intenciones de los demás y sienten el confort de saber que sus necesidades se verán suplidas y de que la cercanía tan solo puede provenir de sentirse nutrido y cuidado.

LA CONEXIÓN LO ES TODO

La energía que fluye de la conexión humana es nuestro recurso más poderoso y de más valor en la vida y en los negocios. Las personas hacen cosas para construir y proteger sus conexiones que nunca harían por dinero ni por miedo. Forjar una conexión saludable en nuestras relaciones de negocios es algo crítico a la hora de tener éxito y, por esta razón, debemos estar comprometidos con decir la verdad, recibir bien y servir bien. En el próximo capítulo, veremos algunas de las áreas de mayor desafío en estos comportamientos, que debemos aprender a practicar de manera constante si queremos construir y proteger conexiones saludables.

Capítulo 7

GESTIÓN DEL RIESGO RELACIONAL

E s arriesgado invertir en la conexión. La vulnerabilidad y la confianza deberían ser cosas fáciles de practicar si viviéramos en un mundo en el que todo el mundo fuese muy capaz y maduro para decir la verdad, saber recibir y saber servir. Pero la mayoría luchamos con los comportamientos de la conexión, en especial cuando se trata de las dos áreas que parecen estar más cargadas de lo que hace que el temor surja: la retroalimentación y la rendición de cuentas.

Para algunos, esas dos palabras en sí mismas hacen que surja el temor. Cuando estas palabras se interpretan y practican con una mentalidad de huérfano impulsada por el temor, se convierten en herramientas de control, manipulación y castigo. La mayoría de nosotros hemos recibido esa retroalimentación dolorosa que está diseñada para herir o manipular. Muchos que estamos en comunidades de fe nos hemos visto involucrados en algún tipo de "rendición de cuentas" poco sano que tenía más que ver con permitir que alguien nos controlase que en tener un amigo que caminase a nuestro lado al aprender a tomar y gestionar la responsabilidad en algún área de nuestras vidas. Y para muchos líderes, la rendición de cuentas ha significado ser la persona culpada y castigada o la que es presionada para culpar y castigar a alguien cuando algo sale mal. Como consecuencia, tenemos que sortear cierto mal uso y abuso para ver cómo deben funcionar la retroalimentación y la rendición de cuentas en las relaciones de honor.

Otros creemos que la retroalimentación y la rendición de cuentas son buenas y necesarias pero las enfocamos como muchos enfocamos el hecho de comer verduras y hacer ejercicio. Sabemos que son necesarios para una comunicación, conexión y colaboración sanas, pero normalmente solo nos vemos motivados a practicarlos en nuestras vidas diarias cuando algo empieza a desequilibrarse o derrumbarse a nuestro alrededor. De hecho, muchas personas que optarían por un plato de brócoli y una sesión en el gimnasio antes de apuntarse para tener una conversación para recibir retroalimentación o para confrontar a alguien sobre algún asunto de su comportamiento.

Pero la meta impulsora de las personas de honor es construir y ser mayordomos de relaciones saludables y, por esta razón, las personas de honor aman la retroalimentación y la rendición de cuentas (al igual que a esas personas extrañas que verdaderamente les disfrutan del brócoli y del ejercicio porque les gusta estar físicamente saludables – debo admitir, yo soy una de esas personas). Reconocen que una retroalimentación y rendición de cuentas saludables se encuentran entre los elementos de protección más críticos en cada conexión y área en la que tal vez demostramos más el honor en las relaciones. Por otra parte, al no construir estos elementos de protección en nuestras conexiones, inherentemente estamos deshonrando y, al final, destruyendo la misión que estamos intentando llevar a cabo juntos. Si queremos gestionar el riesgo de la inversión relacional y ver si merece la pena en nuestras conexiones, debemos entregarnos a la práctica de las disciplinas relacionales de una retroalimentación y rendición de cuentas saludables y honorables.

CULTURA PASIVA VS. CULTURA AGRESIVA

La mayoría de los negocios y organizaciones tienen sistemas de retroalimentación y rendición de cuentas que son esenciales. Sin embargo, cuando todo está dicho y hecho, los sistemas fracasan o son un éxito, en gran parte, dependiendo de las decisiones que han tomado las personas individualmente. Como atestigua la historia de Enron, puedes tener un código de conducta excelente y abierto al público, un sistema interno riguroso de supervisión y pruebas escritas convincentes de una gran relación con las firmas financieras más importantes, bancos y agencias de rating de la nación, y seguir teniendo una cultura disfuncional que viola las relaciones y anima a los jugadores clave a perpetrar un fraude masivo. La única manera en la que un equipo u organización puede desarrollar una cultura sana de retroalimentación y rendición de cuentas es si los miembros de dicho equipo y organización demuestran de manera valiente y constante un valor profundo e interno hacia estas cosas.

Según he podido observar, la mayoría de las culturas de negocios impulsadas por el temor tienden a un estilo pasivo o pasivo-agresivo cuando se trata de la retroalimentación y la rendición de cuentas. Durante los últimos cinco años, Danny y yo hemos hablado con líderes de bastantes negocios y organizaciones sin ánimo de lucro que estaban buscando ayuda para identificar lo que les faltaba en su producción, rendimiento, servicios o resultados que estaban afectando de manera negativa tanto a sus previsiones de activo como a los mínimos aceptables. Casi en todos los casos, una vez que empezamos a hacer buenas preguntas, los asuntos que salieron a la superficie como raíces principales de sus problemas de actuación tenían que ver con una cultura pasiva o pasivo-agresiva de retroalimentación y rendición de cuentas. Los miembros del equipo no se estaban comunicando entre sí sobre lo que necesitaban o cómo se veían afectados por los demás (o estaban aireando sus quejas ante todos menos ante los que estaban directamente involucrados). No estaban previniendo de manera eficaz los malos entendidos ni la ambigüedad buscando un grado suficiente de claridad y transparencia en sus conversaciones. No estaban invitando a los demás a hablar cuando veían un comportamiento que se quedaba corto de las metas y estándares compartidas de la relación, el equipo o la organización. Cuando había confrontación, se ejecutaba de tal manera que dañaba o ponía punto final a una relación laboral en vez de mejorarla. Estas dinámicas pasivas estaban teniendo un efecto directo en la salud y el éxito de la organización.

Por otra parte, hay algunas culturas de negocios que toman un enfoque agresivo ante la retroalimentación y la rendición de cuentas. Donde las culturas pasivas esconden la verdad, las culturas agresivas utilizan la verdad como arma. Un ejemplo de una cultura de retroalimentación agresiva es el fondo de cobertura (hedge fund) más grande del mundo, Bridgewater Associates. El fundador de Bridgewater, Ray Dalio, lidera con una filosofía de gestión de "transparencia radical". Mientras algunos de los empleados expresan reconocimiento por el estilo extremo de la cultura de honestidad y rendición de cuentas y dicen que éstas han contribuido a su crecimiento personal y a tener relaciones significativas, muchos otros han tenido una experiencia muy diferente en la compañía. Un empleado lo describió como un "caldero de temor e intimidación"[1]. Un artículo del año 2011 de la revista *New York* titulada "La Búsqueda del Interés Propio en Armonía Con las Leyes del Universo y Contribuyendo a la Evolución se Recompensa Universalmente" -un compendio de la filosofía de Dalio- describe cómo funcionan las cosas en Bridgewater:

Dalio espera que los empleados critiquen de manera abierta...a los demás; está estrictamente prohibido criticar a las espaldas de los demás. El "Registro de Asuntos" contiene el historial de los errores desde significativos (un trabajo mal ejecutado) hasta pequeños (se dice que un empleado fue inscrito en el registro por no haberse lavado las manos después de haber ido al baño) y el resultado puede ser un "escrutinio", sesiones intensivas (un empleado lo describe como una mezcla entre una destitución de guante blanco y la Inquisición Española) durante las que los directores diagnostican problemas, identifican las partes responsables ("PRs" en el vocabulario de Dalio), y emiten correctivos cortantes. Otros empleados pueden sacar grabaciones de estos procedimientos de la "librería de transparencia" de la empresa...

"La empatía y la amabilidad no son una prioridad aquí", dice un antiguo empleado de Bridgewater. La cultura de la firma de candor absoluto está diseñada para deshacerse de

---

1 Alexandra Stevenson y Matthew Goldstein, "At World's Largest Hedge Fund, Sex, Fear, and Video Surveillance", *The New York Times*, 26 julio, 21016, https://www. nytimes.com/2016/07/27/business/dealbook/ bridgewater-associates-hedge-fund-culture-ray-dalio.html?mcubz=1.

las consideraciones emocionales y enfatizar una lógica fría, vulcaniana en todas sus tomas de decisiones -la necesidad de ser sensible no es aplicable...

No es fácil que te contraten en Bridgewater. A los candidatos se les da el test Myers-Briggs ("No hay muchos F ahí", dice un antiguo empleado) y a algunos se les pide que hagan debates de mentira con otros candidatos que optan al mismo puesto. Un excandidato, al que no se le ofreció el puesto, resume el proceso de la entrevista con el grupo Bridgewater como, "John, ¿qué fallos tiene Bob? Bob, ¿qué fallos tiene John?"... Se dice que el treinta por ciento de los nuevos contratados dejan el trabajo o son despedidos a los dos años[2].

Evidentemente, Dalio no ve la baja retención de empleados como una señal de una cultura poco saludable, después de todo, está en afinidad con su ideología de "la supervivencia del más fuerte". No parece que le conmueva el hecho de que la mayoría de la población no pueda o no quiera trabajar en una cultura agresiva de retroalimentación.

Desafortunadamente, mientras las culturas pasivas pueden dañar las exigencias mínimas y las culturas agresivas pueden ayudarlas, ambas son culturas que deshonran y, por lo tanto, conllevan un coste humano. Ya que estas culturas se ven impulsadas por el temor, la forma en la que enfocan la retroalimentación y la rendición de cuentas solo sirve para incrementar la ansiedad, la tensión y la desconexión entre los miembros del equipo y los empleados, cosa que daña la comunicación, colaboración e innovación. Cuando están impulsadas por el honor, sin embargo, la retroalimentación y la rendición de cuentas llegan a reducir el temor en la cultura y en las relaciones de la compañía. Una retroalimentación y una rendición de cuentas honorables no esconden la verdad ni golpean a las personas detrás de la cabeza; más bien, como dice la Biblia, "hablan la verdad en amor"[3]. En vez de aplacar o atacar los egos de las personas, la retroalimentación y la rendición de

---

2 Kevin Roose, "Pursuing Self-Interest in Harmony With the Laws of the Universe and Contributing to Evolution Is Universally Rewarded," *New York*, Abril 10, 2011, http:// nymag.com/news/business/wallstreet/ray-dalio-2011-4/.

3 Efesios 4:15

cuentas honorables invitan a las personas a las conversaciones en las que la meta es fortalecer la conexión y la colaboración, y solucionar asuntos que están reteniendo a la relación o al equipo a la hora de construir una conexión fuerte y alcanzar su misión.

EL ENFOQUE HONORABLE A LA RETROALIMENTACIÓN

La retroalimentación saludable es dar de manera asertiva información sobre la forma en la que estamos viviendo nuestra relación con otra persona o recibir esta información de otra persona sobre la forma en la que está viviendo su relación con nosotros, para poder suplir las necesidades existentes en nuestra relación y en nuestra misión compartida. Un enfoque honorable a la hora de intercambiar retroalimentación envía el mensaje, "Me importas, y me importa nuestra relación. Quiero y necesito saber cómo te sientes conmigo y estoy dispuesto a ajustar mi comportamiento para crear la experiencia que necesitas tener conmigo. También prometo darte buena información sobre cómo vivo mi relación contigo, porque confío que compartes el mismo valor por mí en nuestra relación y no espero que leas mi mente ni te anticipes a mis necesidades a no ser que te las comunique".

En su libro de 2014 *Thanks for the Feedback*, los profesores de derecho de Harvard Douglas Stone y Sheila Heen explican que la retroalimentación cae en tres categorías (evaluación, coaching y reconocimiento) y que tenemos que intercambiar una dosis equilibrada de estas tres en nuestras relaciones laborales para poder crear un ambiente claro alrededor de nuestras metas compartidas, cosas que tenemos que cambiar y cosas que tenemos que seguir haciendo. La evaluación muestra cómo se compara nuestro comportamiento o actuación con una expectativa o estándar. "Esta es la experiencia que todos tenemos que crear en este equipo, y es aquí donde estás sobrepasando, cubriendo y quedándote corto en lo relativo a dicha experiencia". El coaching nos muestra dónde y cómo podemos crecer y aprender. "¿Qué área de crecimiento crees que es la más importante en la que te debes centrar? ¿Qué par de ajustes podrías hacer en tu comportamiento?" (La retroalimentación en el coaching es más eficaz cuando utiliza preguntas para que la persona piense y aprenda). El reconocimiento nos muestra dónde lo estamos haciendo bien y estamos beneficiando a los que nos rodean. "Muchas gracias por lo que haces. Estás creando una experiencia maravillosa para nuestro equipo".

Stone y Heen también dan un conjunto de perspectivas útiles sobre el por qué todos luchamos con la retroalimentación y en qué tenemos que centrarnos para desarrollar nuestras habilidades para dar retroalimentación. Cuando medité en sus observaciones, inmediatamente vi con claridad que tanto aprender a caminar en una identidad honorable como practicar los valores principales y compromisos relacionales del honor eran cruciales a la hora de vencer nuestras luchas con la retroalimentación.

En primer lugar, Stone y Heen identifican el punto de ventaja en los intercambios saludables de retroalimentación. El éxito o fracaso de cada conversación de retroalimentación, argumentan, tiene más que ver con el receptor que con el dador. "No importa cuánta autoridad o poder tenga alguien que da retroalimentación", dicen. "Los receptores están en control de lo que hacen y no dejan entrar, cómo sacan el sentido de todo lo que están escuchando y si escogen o no cambiar"[4]. Si queremos fomentar una cultura saludable de retroalimentación en nuestras relaciones y equipos, dicen Stone y Heen, no deberíamos centrarnos en ayudar a los que dan retroalimentación a "empujar" con más fuerza, sino en los receptores de la retroalimentación a "sacar" más rendimiento de la misma:

> Crear ese tirón tiene que ver con las habilidades requeridas para impulsar nuestro aprendizaje; se trata de reconocer y gestionar nuestra resistencia, de cómo introducir con confianza y curiosidad la retroalimentación en las conversaciones, y aun cuando la retroalimentación parece ser errónea, de cómo encontrar perspectiva que nos ayude a crecer. También se trata de cómo tomar postura por quién somos y cómo vemos el mundo, y pedir lo que necesitamos.

---

4 Douglas Stone y Sheila Heen, *Thanks for the Feedback: The Science and Art of Receiving Well* (New York: Penguin Books, 2014), 5.

Se trata de cómo aprender de la retroalimentación, sí, aún cuando esté descuadrada, sea injusta, esté mal entregada y, francamente, no estés de humor para recibirla[5].

En otras palabras, para crear un intercambio saludable de retroalimentación en nuestras relaciones tenemos que empezar con nosotros y con nuestra mentalidad y enfoque a la hora de *recibir* retroalimentación. Nuestro enfoque principal debería ser convertirnos en aquellos que tienen la capacidad de buscar y "tirar" de la retroalimentación.

Hay una gran palabra que capta esta actitud que busca la retroalimentación, y está en todo el centro del corazón del honor: *la humildad.* La humildad es una postura relacional que nos orienta a buscar la concienciación de otras personas, cómo las estamos afectando y cómo podemos servirles y suplir sus necesidades de la mejor manera posible. Pablo resumió la humildad en Filipenses:

> Completad mi gozo, sintiendo lo mismo, teniendo el mismo amor, unánimes, sintiendo una misma cosa. Nada hagáis por contienda o por vanagloria; antes bien con humildad, estimando cada uno a los demás como superiores a él mismo; no mirando cada uno por lo suyo propio, sino cada cual también por lo de los otros[6].

Date cuenta de los motivos que da Pablo a la hora de adoptar esta postura de preocupación por los demás y de poner a los demás primero: unidad de mente, de amor, de espíritu y de propósito. Estas motivaciones se encuentran en el centro neurálgico de cada equipo que honra. Y fluyen desde, y son preservadas por, la virtud honorable de la humildad.

Pero, por supuesto, gracias a la identidad de huérfano y su instinto alimentado por el temor que nos coloca a nosotros primero, la humildad no es algo que nos brote de forma natural ni sin esfuerzo.

---

5 Stone y Heen, *Thanks for the Feedback*, 6
6 Filipenses 2:2-4

Específicamente, cuando se trata de dar y recibir retroalimentación, Stone y Heen identifican una de las luchas principales y tres detonantes de temor que todos experimentamos, y debemos vencer, para poder hacerlo bien.

Nuestra lucha principal es que recibir la retroalimentación hace que dos de nuestras necesidades más profundas entren en conflicto:

> Además de nuestro deseo de aprender y mejorar, deseamos algo más que es fundamental: ser amados, aceptados y respetados tal como somos. Y la razón de ser de la retroalimentación sugiere que tal como somos no es del todo maravilloso. Por lo que nos resentimos: ¿Por qué no me puedes aceptar por quién soy y tal como soy? ¿Por qué siempre tienen que haber más ajustes, más mejoras? ¿Por qué es tan difícil que me entiendas? Oye jefe, oye equipo... *Aquí estoy. Este soy yo.*

El hecho de recibir retroalimentación está en la intersección de estas dos necesidades: nuestro afán por aprender y nuestro deseo por ser aceptados. Estas necesidades son profundas y la tensión entre ellas no va a desaparecer[7].

La retroalimentación puede hacer que salte este conflicto interno de tres formas. Cuando el contenido de la retroalimentación parece estar "desencaminada, sin utilidad o sencillamente lejos de la verdad"[8], enciende un *desencadenante de la verdad.* Cuando tienes un problema con la persona que te está dando retroalimentación, experimentas un *desencadenante relacional.* Y cuando la retroalimentación parece poner en duda o atacar tu identidad, ha puesto en funcionamiento un *desencadenante de la identidad.* Es "casi imposible...desde nuestros

---

7 Stone y Heen, *Thanks for the Feedback*, 9

8 Heen y Stone, "Find the Coaching in Criticism," *Harvard Business Review*, Jan-Feb 2014, https://hbr.org/2014/01/find-the-coaching-in-criticism.

desencadenantes" recibir retroalimentación[9], por lo que debemos aprender estrategias para difuminarlos para poder escuchar, entender, responder y aprender de lo que alguien está intentando decirnos.

Una de las estrategias principales ofrecidas por Stone y Heen para tratar con los desencadenantes de la verdad es reconocer que la mayor parte del tiempo, cuando nos parece que la retroalimentación es incorrecta, no la estamos entendiendo aún. Esta es una de las razones por las que, como Danny señala en *Mantén Encendido Tu Amor*, nuestra primera meta en cualquier conversación importante debería ser entender. Sin embargo, normalmente enfrentamos conversaciones importantes con la meta equivocada: la meta de estar de acuerdo. El hecho de demandar que haya acuerdo es una postura autoprotectora impulsada por el temor, que automáticamente coloca a dos personas en una conversación como oponentes en vez de como socios. Uno de los problemas más grandes con este enfoque es que nos convierte en receptores defectuosos. Cuando nuestra meta es estar de acuerdo, básicamente solo escuchamos lo que hay nuestro en lo que dice la otra persona. Cuando no dicen lo que diríamos, o en la forma en la que lo diríamos, pensamos de forma automática, "¡Error!" y o empezamos a cerrarnos a ellos o a pensar en rebatirlos, lo cual significa que escuchamos aún menos. La escucha defectuosa es un obstáculo obvio ante nuestra capacidad de recibir bien.

El honor siempre persigue la meta de entender debido a un par de razones. En primer lugar, el honor reconoce con humildad que siempre hay suficiente que no sabemos de nosotros mismos o de cómo afectamos a nuestro entorno, que no podemos ver en el interior de otras personas y no podemos ni aun ver nuestros propios rostros sin la ayuda de un espejo. En segundo lugar, el honor siempre quiere que dos personas diferentes sean capaces de mostrarse tal cual son en cada relación. El hecho de demandar que haya acuerdo termina requiriendo que alguien desaparezca cuando no estamos de acuerdo (cosa que los humanos hacemos de manera inevitable)[10]. Cuando nuestra meta es entender, no rechazamos de manera automática la retroalimentación que sentimos que está equivocada. Empezamos a hacer preguntas: "Bien, ¿es esto lo que te estoy entendiendo? ¿Estarías dispuesto a

---

9 Stone y Heen, *Thanks for the Feedback*, 17.
10 Silk, *Mantén Encendido Tu Amor*, 90

explicarme un poco más en profundidad lo que estás queriendo decir? ¿Me puedes dar algunos ejemplos?"

Cuando tratamos con los desencadenantes relacionales, Stone y Heen nos dan este consejo: "Separa a Nosotros de Qué"[11]. En otras palabras, cuando estamos teniendo un problema con la retroalimentación a causa de la persona que nos la está dando, tenemos que poder reconocer que tenemos dos problemas separados que tienen que ser abordados: la desconexión relacional y el asunto en particular que ha surgido en la retroalimentación. Lo más corriente es que cuando estamos "dentro" de un desencadenante relacional, intentemos esquivar la retroalimentación sacando a la luz nuestro problema relacional. Esto crea un escenario en el que dos personas están manteniendo las distancias diciendo, "Tengo un problema contigo". "¿Sí? Bueno, ¡yo tengo un problema contigo!" Una vez más, terminamos en una conversación en la que no hay nadie que esté escuchando, lo cual hace que no sea una conversación. Lo que es seguro es que no se está escuchando o recibiendo ninguna retroalimentación.

El honor nos orienta hacia la actitud de discernir y tratar con los problemas relacionales más rápidamente y de forma saludable, lo cual significa que es más probable que evitemos mantener la distancia. Si empiezan a fluir pensamientos de ofensa o juicio cuando escuchamos la retroalimentación (*no me puedo creer que estés diciendo esto*, o *precisamente tú tenías que ser el que sacase el tema*) entonces nuestra brújula interna del honor va a empezar a enviarnos señales de que tenemos un problema relacional con el que tratar. Normalmente, ese problema va a tener un componente que tenemos que solucionar solos (por ejemplo, tenemos que perdonar a la persona y arrepentirnos por ofendernos y por haber apagado nuestro amor y honor hacia ellos). Después de solucionar ese asunto, hay una conversación adicional que tenemos que tener con la persona sobre algo que está causando el problema y ese es el momento en el que deberíamos abordarlo. Pero esa debería ser una conversación aparte de la conversación de la retroalimentación. Como aconsejan Stone y Heen, la clave al trabajar con un desencadenante relacional es reconocer y colocar ambos problemas sobre la mesa -el problema de la retroalimentación y el problema relacional- y preguntar cuál de los dos es más urgente tratar. Ten esa conversación primero, después la otra.

---

11 Stone y Heen, *Thanks for the Feedback*, 25

Por último, para difuminar mejor los desencadenantes de la identidad, Stone y Heen recomiendan que cultivemos una identidad de *crecimiento* en vez de una *fijada*:

> Un estudio llevado a cabo en Stanford señala dos formas muy diferentes en las que las personas cuentan su historia sobre su identidad y el efecto que puede tener en cómo experimentamos la crítica, el desafío y el fracaso. Una historia de identidad asume que nuestras características están "fijadas": Seamos capaces o torpes, fáciles o difíciles de amar, listos o lentos, no vamos a cambiar. El trabajo arduo y la práctica no nos van a ayudar; somos como somos. La retroalimentación revela "cómo somos", por lo que hay mucho en juego.

> Aquellos que manejan la retroalimentación de manera más fructífera tienen una historia de identidad que asume algo muy diferente. Estas personas se ven como que siempre están evolucionando, siempre creciendo. Tienen lo que se llama una identidad de "crecimiento". La forma como son ahora no es más que la forma como son ahora. Es un bosquejo a lápiz en un momento dado, no un retrato enmarcado al óleo. El trabajo duro importa; el desafío y hasta el fracaso son las mejores maneras en las que se aprende y mejora. Dentro de una identidad de crecimiento, la retroalimentación es una información valiosa sobre dónde se está en ese momento y en qué hay que trabajar a continuación. Es una información bienvenida en vez de un veredicto pertubador[12].

Una de las cosas más importantes sobre el viaje de identidad que hemos estado exponiendo en este libro es que aprender a caminar en una identidad de honor no solo nos ayuda a vencer nuestros desencadenantes de identidad con respecto a la retroalimentación, sino que también termina ayudando a resolver el conflicto entre

---

12 Stone y Heen, *Thanks for the Feedback*, 24-26

nuestra necesidad de aprender y nuestra necesidad de ser aceptados situadas en el corazón de nuestra lucha con la retroalimentación. Aprender a vernos a través de los ojos del Padre implanta dos verdades en nuestros corazones: primera, que somos aceptados por completo, valorados y amados tal como somos en cualquier estado de crecimiento y madurez; y segunda, que la trayectoria de nuestra vida es seguir creciendo y madurando hasta que podamos ver, amar y honrar a los demás y a nosotros mismos como lo hace Dios. Estas dos verdades no encajan con exactitud en ninguna de las historias de identidad de "fijadas" o "de crecimiento" tal como las describen Stone y Heen; más bien, las combinan de cierta forma. Por otra parte, el hecho de ser aceptados, amados y valorados está fijado para siempre, nada que hagamos puede cambiar eso sobre nosotros. Además, no solo somos capaces de crecer, hemos sido destinados a crecer. Sin embargo, quién somos en cada etapa del crecimiento no es ni un bosquejo a lápiz ni un lienzo en blanco que se puede borrar y volver a hacer; en vez de eso, estamos progresando lenta pero ciertamente por una trayectoria específica de crecimiento para convertirnos en lo que en realidad somos: hijos e hijas que se parecen, hablan y actúan como nuestro Padre.

Cuanto más anclados estamos en una identidad de honor, mejor podemos identificar y rechazar los pensamientos que vienen a conmocionar nuestra identidad y que están basados en la vergüenza, la falta de confianza, la falta de poder y la pobreza. Cuando escuchamos una evaluación de retroalimentación que nos informa de cómo estamos quedándonos cortos en alguna medida de actuación, por ejemplo, no escuchamos a la mentira, *No puedo hacer nada bien. Soy un fracaso total.* Cuando la retroalimentación en el coaching nos señala un área y estrategia a mejorar, no entretenemos el pensamiento, *No puedo. No tengo esperanza.* Y cuando alguien nos ofrece su aprecio, no nos ponemos incómodos y pensamos, *Ah, lo que sea. En realidad no me merezco eso.* Tenemos un filtro saludable en nuestra identidad a través del que escuchamos y recibimos la retroalimentación con honor.

RENDICIÓN SALUDABLE DE CUENTAS

El hecho de vencer nuestro temor a la retroalimentación y convertirnos en personas que la buscan con avidez, no solo tiene un efecto poderoso en nosotros sino que también en todos los que nos rodean. Cuando nos acercamos a un líder o miembro del equipo y preguntamos, "Oye, ¿cómo crees que estoy haciendo esto? ¿Ves algún área en la que piensas que puedo mejorar?" estamos demostrando que somos personas poderosas que se están responsabilizando de su actuación e impacto en el equipo, nos estamos haciendo responsables de crecer, mejorar y dar lo mejor de nosotros. Stone y Heen observaron:

> El estudio ha mostrado que los que buscan explícitamente la retroalimentación crítica (esto es, que no solo están buscando alabanza) tienden a obtener mejores resultados. ¿Por qué? Básicamente, o así lo creemos nosotros, porque alguien que pide coaching es más proclive a tomarse en serio lo que se le dice para mejorar de manera genuina. Pero también porque cuando pides retroalimentación, no solo descubres cómo te ven los demás, sino que influyes en cómo te ven. El hecho de solicitar una crítica constructiva comunica humildad, respeto, pasión por la excelencia y confianza, todo de golpe[13].

El hecho de buscar retroalimentación es también poderoso porque disminuye de manera natural el nivel de resistencia en lo que respecta a las conversaciones importantes de rendición de cuentas. Cuando esta práctica es algo normal en un equipo, ofrece una invitación abierta para tener una conversación continuada e identificar dónde puede estar faltando la claridad o dónde el comportamiento y los logros no están a la altura de los estándares y objetivos compartidos del equipo.

En *Las Cinco Disfunciones de un Equipo: Una Guía Práctica*, Patrick Lencioni define la rendición de cuentas saludable y funcional del equipo como "la disponibilidad de los miembros del equipo a recordarse entre sí que no están viviendo según los estándares de actuación del grupo…

---

13 Heen y Stone, "Find the Coaching in Criticism"

Esta rendición de cuentas directa y de compañero a compañero... está basada en la noción de que la presión de grupo y el mal sabor que deja el defraudar a un compañero motivará al componente del equipo más que cualquier temor de castigo o reprimenda de la persona en autoridad"[14]. En otras palabras, la rendición de cuentas saludable, hecha en la forma de una confrontación "recordatorio" respetuosa entre los miembros del equipo, se ve motivada por la meta honorable de "protegernos".

La rendición de cuentas honorable también ve a las personas que están fallando o no dando la talla a través de un prisma que separa su comportamiento o actuación de su valor e identidad. El temor nos dice que hay que controlar o castigar a las personas que se equivocan, pero el honor nos dice que hay que confrontarlas con amor, recordarlas que son poderosas y que se confía en ellas y se las apoya a medida que se responsabilizan de corregir sus defectos.

En *Cultura de Honor*, Danny explica que toda confrontación debería llevarse a cabo en un "espíritu de mansedumbre"[15]. Esto envía el mensaje de, "No tengo que controlarte ni castigarte", y reduce la ansiedad en la persona que está siendo confrontada. La mayoría de la ansiedad que experimentan las personas en una confrontación está basada en la expectativa de recibir algún tipo de castigo en la forma de crítica, juicio, vergüenza, rechazo, etc. En una confrontación honorable, todo el control y el castigo desaparecen de escena. En vez de eso, la confrontación honorable persigue las siguientes metas:

Presentar las consecuencias de la situación de manera que sirvan para enseñar y fortalecer.
Sacar a relucir lo que la gente suele olvidar de sí mismos cuando han fallado.
Invitar a fortalecer un vínculo en la relación con otra persona.
Aplicar presión de manera estratégica para poder exponer áreas que necesitan fuerza y gracia[16].

---

14 Lencioni, *Las Cinco Disfunciones de un Equipo: Una Guía Básica*, 61-62
15 Gálatas 6:1
16 Danny Silk, *Cultura de Honor* (Shippensburg, PA: Destiny Image, 2007), 168

Danny también señala que una de las herramientas más poderosas en una confrontación es hacer buenas preguntas. Las preguntas invitan a que otra persona poderosa entre en la conversación, estimula sus pensamientos en lo referente a los asuntos que se traen entre manos y la anima a responsabilizarse y a apropiarse de dichos asuntos.

SALVADOS POR LA RENDICIÓN DE CUENTAS

Como he mencionado, mi tío, Lew, y suegro, Willie, han sido padres para mí desde los primeros días de mi negocio y, como tales, son hombres que me han ofrecido retroalimentación y me han responsabilizado de mis acciones durante décadas. Sigo recordando cuando escribí junto con Laurenmi primer plan estratégico para Hasson, Inc. hará casi unos treinta años y enviar copias con orgullo al tío Lew y a papa Will para su repaso. El tío Lew respondió principalmente con una retroalimentación apreciativa, diciéndome que tenía una gran visión y un plan sólido, y animándome a ejecutarlo con confianza. Papa Will también me afirmó pero me ofreció algo de coaching en un tono firme y directo: "Este plan está bien, pero solo hay una cosa en la que necesitas centrarte, y es en *pagar tu deuda*". Hice todo lo que pude para hacer caso al consejo de papa Will.

Unos pocos años después, Lauren y yo actualizamos nuestro plan estratégico y, una vez más, se lo enviamos a ambos hombres. Cuando me reuní con ellos para hablar sobre el documento, escuché el mismo mensaje que había escuchado antes: mantente centrado en la visión y paga la deuda. En los años siguientes, dijeron lo mismo. Además de ofrecerme un ánimo constante, Lew utilizaba su pericia como abogado corporativo para ayudarme a formar una red con clientes y contratistas generales nuevos. Willie, que había llevado su propio negocio de manufactura durante muchos años, siguió compartiendo la sabiduría que había adquirido a la fuerza sobre el poder de la gestión del activo y del pago de deudas.

En su mayor parte, me encantaba lo homogéneo de este ritual anual con Lew y Willie, y dependía de ello. Había algo en el hecho de que estos dos hombres se tomaran el tiempo para leer y comentar mi plan que me daba la inspiración para ir y ponerlo en práctica. Lo único que me molestaba un poquito era la ferocidad de Willie a la hora de recalcar que había que pagar la deuda de la compañía. En cierta ocasión, tal vez después de seis años oyéndole decir lo mismo, me frustré hasta tal punto que cuando volvía caminando después de dejar nuestra reunión le pregunté cuándo había terminado de pagar la deuda de su compañía.

"Oh, no lo sé", me respondió. "Tal vez cuando cumplí los cuarenta y cinco años".

Yo solo tenía treinta y cinco o así en ese momento y no pude evitar echarle una mirada y preguntarle sin más, "Entonces, ¿por qué me estás martilleando con esto?"

Willie tan solo respondió, "Deberías aprender de mis errores".

Años después, en 2010, me paré delante del escritorio de Willie y dije, "He cancelado la deuda de la compañía".

Me miró y me dijo, "Bien. Ahora empieza a ahorrar capital para que cuando vuelvas a estar en un aprieto, y lo estarás, puedas prestarte dinero a ti mismo en vez de ir al banco".

Tal como son las cosas, durante gran parte de 2016-2017, Hasson, Inc. ha sufrido problemas pasajeros de liquidez, principalmente debidos a cierta dificultad a la hora de cobrar los proyectos que tenemos entre manos a causa del lento proceso del papeleo. Nuestra crisis actual es superior por muchos múltiplos a la de 1999-2000 que describí en el capítulo 3. Si no hubiera escuchado a Lew y Willie durante todos esos años, y no hubiera planificado e invertido nuestro capital, estaríamos buscando financiación puente como locos en vez de haber podido tirar de nuestras propias reservas de activo. Su sabiduría adquirida tras años de aprendizaje y mi capacidad de aceptar ese sabio consejo ha llevado a la compañía a una nueva realidad.

Sin lugar a dudas, estar en el extremo receptor de una retroalimentación y rendición de cuentas saludables ha moldeado la cultura que he intentado instaurar en mi equipo ejecutivo. Siempre ha sido mi meta ejemplificar y animar a que exista una norma de búsqueda de retroalimentación y rendición individual de cuentas entre compañeros, y aunque me ha llevado muchos años, mucho esfuerzo y muchas lecciones aprendidas de la manera difícil, en general creo que hemos tenido éxito a la hora de conseguir esta meta (tal como creo que atestiguará un incidente reciente).

Durante este último año, nuestra compañía se ha visto involucrada en una litigación compleja al no recibir el pago de un proyecto que habíamos completado. La oposición contactó con nosotros para solucionar la disputa sin nuestros abogados, después de escuchar la opinión de nuestro consejo, accedimos. En esa reunión, la oposición nos hizo una oferta, y nosotros lanzamos una contraoferta, volviéndonos a colocar en un punto muerto.

Unas semanas después, nuestro vicepresidente Rich y yo tuvimos una conferencia con los abogados de la otra parte. Colocaron una oferta mejor sobre la mesa, pero seguía sin ser suficiente como para que no saliésemos perjudicados de este proyecto, cosa que en mi mente era el principio subyacente en el asunto que nos traíamos entre manos y la línea en la arena que yo estaba resuelto a defender. Así que, ofrecí una contraoferta y eso provocó en la otra parte una serie de palabras malsonantes, insultos y amenazas.

En este punto, Rich me miró y vio orgullo y terquedad escritos en mi rostro. Sabía que estaba a punto de atrincherarnos aún más profundamente en este conflicto al negarme a dar mi brazo a torcer. Así que desconectó los altavoces, me miró directamente y dijo, "Bob, creo que deberíamos acceder. Tiene sentido". Después siguió enumerando los puntos eminentemente razonables que apoyaban su argumento.

Sin embargo, yo seguía sin aceptarlo. No iba a caer sin luchar.

Finalmente, Rich se puso de pie y me miró directamente a los ojos. "Bob, ellos tal vez estén equivocados, pero ahora mismo tú también lo estás. Tienes que acceder. Ahora."

Suspiré, luchando con sus palabras aunque sabiendo que tenía razón. Volvimos a la llamada e intenté conseguir que subiesen la oferta una vez más. Acordaron subirla un poco, aunque seguía sin dejarnos indemnes, pero para ese entonces yo sabía que lo importante era terminar la lucha. Accedí ante su oferta y finalizamos la llamada, aunque no amigablemente, pero sí respetuosamente.

Más tarde, di las gracias a Rich por haberme hecho ver mi comportamiento y librarme de seguir por la senda del deshonor para entrar en más litigios y frustración. El hecho de saber que siente tener todo el permiso para decirme cuándo me equivoco (el fruto de treinta años construyendo una conexión saludable y una confianza protegidas por la retroalimentación y la rendición de cuentas) hace que me encuentre seguro y protegido. Son en momentos así que sé que mi inversión relacional está a buen recaudo.

Capítulo 8

RECOMPENSA
RELACIONAL

A menudo escucho a Danny amonestando a las personas a que construyan la vida en la que verdaderamente quieren vivir. Si pensamos que las relaciones en nuestros negocios son como una casa, entonces la práctica de la inversión relacional (construir los fundamentos de la casa) y las prácticas de la gestión del riesgo relacional (una retroalimentación y rendición de cuentas saludables) establecerán las paredes y el tejado para que sea una construcción segura. Pero la meta final, por supuesto, es amueblar, decorar, habitar y disfrutar de la casa. La razón por la que invertimos y protegemos la conexión es porque nos da la capacidad de construir relaciones funcionales en las que verdaderamente queremos pasar nuestras vidas laborales. El hecho de honrar la inversión relacional y la gestión del riesgo nos da la mejor oportunidad de disfrutar de las recompensas que buscamos en los negocios, que caen en tres categorías básicas: económica, intrínseca y relacional. No es de sorprender que el mayor obstáculo ante nuestra capacidad de experimentar estas recompensas es el temor, la cosa misma que vencemos al cultivar relaciones e identidades de honor.

RECOMPENSA ECONÓMICA

El dinero es lo primero que nos viene a la mente a la mayoría cuando escuchamos "recompensa" en el contexto de los negocios. Para los propietarios de un negocio, la recompensa económica significa ventas, activos y beneficio. Para los empleados, significa pagas, sueldos, comisiones y primas. Y esto es sensato. La mayoría de nosotros entramos en la relación laboral para conseguir dinero y proveer para nuestras familias.

Sin embargo, el obstáculo que todos tenemos que vencer a la hora de perseguir y recibir esta recompensa es el temor a la escasez que está arraigado en la identidad de huérfano. Los huérfanos tienen una mentalidad de pobreza porque están desconectados de la Fuente y el Proveedor de todas las cosas, el Padre. Cuando estamos desconectados de nuestra Fuente, miramos a otras cosas (especialmente al dinero) como nuestra fuente, y llega el temor porque, en lo profundo de nuestro ser, creemos que nunca va a haber suficiente. Esta relación rota y disfuncional con el dinero nos lleva a utilizarlo de maneras que nos hacen daño a nosotros y a los demás. Nos preocupamos, gastamos de más, almacenamos, defraudamos en nuestros impuestos, alardeamos haciendo compras extravagantes, evitamos rendir cuentas, y más cosas. En mi experiencia, una de las formas más rápidas en la que detectar patrones de vergüenza, falta de confianza, falta de poder y una mentalidad de pobreza en la vida de alguien es teniendo una conversación con esa persona sobre el dinero. A lo largo de los años, he hablado con muchos hombres de negocios que se sienten más cómodos siendo vulnerables con su áreas sexuales de lucha que con sus finanzas. Tal vez tengan dinero en el banco, pero su relación con el dinero está rota y llena de ansiedad y vergüenza porque no saben quién son y no están conectados con la Fuente correcta.

Cuando nos conectamos con nuestra Fuente, podemos vencer el temor a la escasez y desarrollar una mentalidad saludable y generosa que refleja la de nuestro Padre. Un versículo que captura de manera poderosa y sucinta el razonamiento generoso del Padre es Romanos 8:32, "El que no escatimó ni a su propio Hijo, sino que lo entregó por todos nosotros, ¿cómo no nos dará también con él todas las cosas?". Cuando confiamos en nuestro Padre como el Proveedor máximo de *todas las cosas* que necesitamos, y vemos que Él es generoso con esos recursos porque Él nos ama, entonces podemos construir una relación saludable con el dinero. Ver el dinero como un recurso que nos ha dado nuestro Padre para gestionarlo con un corazón de honor nos posiciona para utilizarlo con valentía, confianza, responsabilidad y generosidad. Ya seamos propietarios de un negocio o empleados, competencia o clientes, el hecho de desarrollar una mentalidad de riqueza es de suma importancia para negociar sin temor y con honor.

Cuando tanto propietarios como empleados (las partes principales que comparten la recompensa financiera de un negocio) tienen una mentalidad de riqueza, entonces enfocan de manera natural el arreglo financiero en su relación con la meta en mente de disminuir la ansiedad que envuelve a la escasez y mostrando un alto aprecio por lo que trae cada parte a la relación.

Los propietarios de los negocios de honor saben que su gente son su mayor activo, razón por la que también son su mayor gasto. Eso significa que van a hacer todo lo posible para tratarlos de manera justa (eso es evidente). *Quieren* compensarlos de manera generosa y por encima de la media y, si pueden, enorgullecerse de hacerlo. ¿Por qué? Porque significa que han encontrado personas que están creando tantísimo valor para sus clientes que están dispuestos a pagar al negocio lo suficiente como para que consiga un beneficio. Los propietarios inteligentes y honorables quieren invertir a largo plazo en las personas que hacen que su negocio sea un éxito.

En la otra cara de esa relación, los empleados honorables ven la recompensa financiera de su trabajo como algo que está unido al éxito del negocio. Tienen la actitud, "Salgo ganando si salimos ganando". Este es el espíritu de excelencia que está en el centro del honor. La excelencia dice, "*Te* debo lo mejor de mí". El hecho de centrarse en el éxito del equipo o de la compañía lleva a que los empleados apunten más alto, lo intenten con más ahínco y se comprometan más enteramente. Sea cual sea su papel en la compañía, asumen que están ahí porque están jugando una parte crucial y que deben a su equipo, jefe, clientes y a ellos mismos su mejor trabajo.

Cuando Lauren y yo formulamos nuestro primer plan estratégico para nuestra compañía hará más de treinta años, incluimos en nuestra declaración de misión que nuestra prioridad era "elevar la calidad de vida para los empleados y sus familias creando un entorno en el que el individuo pudiera alcanzar su potencial y ser recompensado por ese éxito". Me agrada mucho poder recompensar a los empleados que sirven a nuestros clientes sin cansarse y de manera sacrificada y son totalmente cruciales para nuestro crecimiento y éxito.

Cuando tienes una compañía de servicios, debes encontrar la forma de servir mejor que tu competencia. En los proyectos de construcciones comerciales, los cuadrillas de pintores son de los últimos que entran en la obra, lo cual significa un par de cosas. En primer lugar, significa que hacemos el trabajo final que todos los que entran en el edificio verán y eso representa la calidad del proyecto en su conjunto. En segundo lugar, significa que si tenemos la posibilidad de acelerar la obra ante cualquier retraso que se haya acumulado durante el curso del proyecto para terminarlo en la fecha fijada, será algo que nuestros clientes valorarán muchísimo.

En el transcurso de los años, nos hemos creado una reputación de ser una subcontrata que termina a tiempo. Enviamos trabajadores extra al lugar de trabajo, trabajan más horas al día y nos aseguramos de que todo está terminado a tiempo con calidad y excelencia. Es la misma receta secreta que utilizaba cuando estaba pintando casas con mi escarabajo volkswagen, pero ahora tengo todo un equipo que comparte el mismo compromiso de hacer un trabajo excelente y consiguen que parezcamos genios ante nuestros clientes. El hecho de pagarles generosamente no solo honra el valor de su trabajo, sino que también honra que deseen que la compañía tenga éxito.

Me ha supuesto un enorme gozo el hecho de recompensar económicamente la inversión de nuestros empleados en nuestro éxito de maneras que les permiten crecer en sus familias, mudarse a casas mejores, disfrutar de sus pasiones, viajar y, con el tiempo, jubilarse. También hemos intentado ayudar con emergencias económicas cuando surgen. En unas pocas ocasiones, hemos mantenido el puesto de trabajo de empleados leales y hemos seguido pagándoles el sueldo durante su ausencia para cuidar de algún miembro de su familia.

También damos primas y bonificaciones a nuestro equipo, no como incentivos, sino como señales de gratitud y aprecio. A causa de cómo funciona el movimiento de efectivo en nuestro negocio, no siempre podemos ofrecer de manera constante bonificaciones a final de año, pero lo compensamos con bonificaciones por proyecto terminado. También tenemos muchos fans deportivos en nuestra oficina, así que intentamos conseguir entradas para los partidos cuando podemos, especialmente aquellas que son difíciles de conseguir. Por ejemplo, en 2016, el MLB All-Star Game tuvo lugar en San Diego, así que compramos un paquete de entradas que incluían el Home Run Derby, el Celebrity Game, la experiencia All-Star y el propio partido All-Star. Dividimos el paquete y cada fan del beisbol de la oficina obtuvo entradas para los eventos que les interesaban.

El intercambio honorable de trabajo y recompensa financiera es crucial en cada negocio y es una de las formas más importantes y obvias de medir si el negocio está ganando o no. Las compañías tecnológicas ofrecen salarios altos y zonas de trabajo llenos de estaciones de comida, bancos, tintorerías, guarderías y horarios de trabajo flexibles porque saben que ofrecer provisión y recompensa a las personas que los están haciendo tener éxito los anima a seguir haciéndolo. Dice, "Estamos ganando. Gracias. Que esta relación siga así". Pero con todo lo crucial que es la recompensa económica en un negocio, es igualmente cierto que el dinero no puede ser la única recompensa que éste aporta. Al finalizar el día, ningún ser humano quiere emplear más de cuarenta horas de su semana haciendo lo que sea con quien sea solo por dinero. Queremos, y necesitamos, que nuestro trabajo nos recompense de maneras diferentes, y al honrar las relaciones en los negocios nos importa ayudarnos mutuamente para conseguir dichas recompensas.

RECOMPENSAS INTRÍNSECAS

Intrínseco significa, "íntimo, esencial". Las recompensas intrínsecas son las recompensas sensoriales y psicológicas que experimentamos al hacer nuestro trabajo porque pertenecen de manera natural, en esencia, al trabajo mismo. El hecho de maximizar nuestra recompensa intrínseca en el trabajo es inherentemente honorable, porque significa que estamos enfrentando el trabajo según fuimos diseñados. Ningún padre quiere que su hijo se esfuerce y trabaje en algo de lo que no disfruta, y nuestro Padre no es diferente. Nos diseñó y desea que encontremos trabajo que intrínsecamente nos recompense.

Cuando mi hijo mayor, David, estaba en secundaria, quería trabajar en nuestra oficina. Decidí que en vez de eso empezase en las obras mismas. Conociendo a mi hijo, no estaba seguro de si la pintura y la construcción eran ámbitos en los que él disfrutaría, pero acordé empezar a introducirle en la compañía. Le asignamos a un capataz y a un proyecto, le conseguimos un casco de obra, chaleco de seguridad, gafas y botas de trabajo y empezó lijando el óxido del metal de las escaleras. Después de terminar el verano de largas horas de trabajo arduo con los equipo, concordó conmigo que no creía que su futuro estuviera en el negocio de la pintura comercial. Estuve de acuerdo. En la actualidad está llegando a su décimo año como ingeniero de software y director en una importante compañía de tecnología y ama su trabajo. Ha encontrado el trabajo que disfruta de manera intrínseca. Como padre suyo, no podría estar más contento por él.

Así que, ¿cuáles son las recompensas intrínsecas que esperamos encontrar en nuestro trabajo? En su libro, *Drive: The Surprising Truth About What Motivates Us* (*Impulso: La Sorprendente Verdad Sobre lo que Nos Motiva*), Daniel H. Pink explica que el trabajo nos resulta intrínsecamente compensador cuando cubre tres de nuestras necesidades psicológicas más profundas: autonomía, maestría y propósito[1]. La autonomía es nuestra necesidad de libertad y de guiar nuestros propios pasos, el sentimiento de que nuestro trabajo se ve impulsado por nuestra propia elección en vez de por presión externa, coerción o control. La maestría tiene que ver con nuestro deseo de seguir nuestra elección autónoma de trabajo por una senda centrada en aprender, crecer y con niveles de excelencia en aumento en ese área particular de habilidad o conocimiento. Y el propósito es nuestra necesidad de encontrar significado y conexión: el sentimiento de que el trabajo que estamos haciendo va más allá de nosotros mismos.

El clásico temor que nos estorba a la hora de que disfrutemos de nuestro trabajo por sí mismo y así satisfaga estas tres necesidades psicológicas es el temor al fracaso, que normalmente está ligado al temor al castigo. Este es el temor que ataca a todos los tipos de actuación. Al igual que con el dinero, el primer nivel en el que debemos tratar con este temor es en el de nuestra identidad.

---

1 Daniel H. Pink, *Drive: The Surprising Truth About What Motivates Us* (New York: Penguin Books, 2009), 78.

La mentalidad de huérfano liga nuestra actuación a nuestra identidad. Esto crea la convicción de que cuando fracasamos, somos un fracaso, lo que de manera natural produce vergüenza y la expectativa de castigo. Las personas que luchan con una "mentalidad de logros" o con el perfeccionismo se ven impulsados, en esencia, por el temor al fracaso. Irónicamente, y tristemente, ya que su trabajo se ve impulsado por el temor, nunca llegará al grado de excelencia al que solo puede llegar arriesgándose y aprendiendo del fracaso. Cuando tenemos la identidad correcta, sabemos que nuestra identidad no está basada en los logros, pero en quién dice nuestro Padre que somos. Él nunca castiga nuestros errores ni fracasos sino que los utiliza para entrenarnos en sabiduría y excelencia. Esto rompe el temor al fracaso y nos hace libres para involucrarnos plenamente en nuestro trabajo y, al final, hace que nos convirtamos en personas de alto rendimiento. También permite que disminuyamos nuestra ansiedad en cuanto a los logros y al temor al fracaso se refiere en nuestras relaciones laborales y desarrollemos una cultura saludable de rendimiento. Veamos cómo hacemos esto en las tres áreas de la recompensa intrínseca.

AUTONOMÍA: LAS PERSONAS SON LIBRES PARA SER ELLAS MISMAS

El temor nos dice que uno no puede confiar a los humanos su propia libertad ya que deben ser microgestionados. El honor nos dice que las personas fueron diseñadas para ser libres y que cuando las confiamos su libertad, estamos invitando a que lo mejor de ellas salga a la superficie. Por esta razón, suplir las necesidades los unos de los otros de tener autonomía en unas relaciones laborales honorables es algo que queremos hacer de manera natural, es parte de servirnos bien los unos a los otros. Sin embargo, el honor no coloca un límite alrededor de la libertad: debemos usar nuestra libertad para ser buenos mayordomos de nuestras relaciones. Las preguntas que impulsan a las relaciones y los equipos honorables son estas: "¿En cuánta libertad podemos crecer a la vez que "nos" protegemos? ¿Cómo podemos ser nosotros mismos en este equipo a la vez que gestionamos nuestra libertad teniendo la meta de la conexión y protegiendo los resultados que todos estamos intentando conseguir juntos?"

Como líderes, tanto Danny como yo, buscamos altos niveles de autonomía (a la que llamamos ser libres, poderosos, con dominio propio y responsables) en nuestros equipos. ¿Por qué? Porque queremos que las personas traigan sus cerebros y corazones al trabajo. El hecho de microgestionar a los demás nos suena disfuncional, ineficiente y como algo que produce ansiedad. Es una receta para crear un equipo de extraños que están maniobrando para protegerse a sí mismos de los demás y que nunca se sienten lo suficientemente seguros como para ofrecer lo mejor que tienen. Hacemos todo lo que podemos para comunicar con toda claridad la misión, metas, tareas y responsabilidades de nuestros equipos y después confiamos que los miembros de nuestro equipo se responsabilicen de construir y ejecutar los planes para llegar donde tenemos que ir.

En nuestra experiencia, hay tres formas principales en las que forjar la libertad y disminuir el temor al fracaso en equipos honorables. La primera es animando a las personas a arriesgarse siendo nosotros un ejemplo y ayudando mediante un coaching y una retroalimentación positivos. Algunas personas necesitan más ánimo que otras en este área. Como mencioné en el capítulo 5, mi director de proyectos, Matt, tenía aversión al riesgo cuando se unió a nuestro equipo a causa de su anterior experiencia laboral. Solo fue después de observarnos a los demás ejemplificar un alto grado de libertad y recibir mucha retroalimentación honesta de nosotros que llegó a sentirse lo suficientemente cómodo como para dar a conocer su opinión y a ocupar toda la plenitud de la libertad que tiene para influir y liderar a nuestro equipo.

La segunda forma en la que ayudamos a los miembros del equipo en el área de la libertad es responsabilizándolos de proteger al equipo a medida que se arriesgan.

Me encanta la historia que cuenta Danny sobre una de las personas que trabajaban directamente bajo él en Bethel Church hace años. Este joven, le llamaré Josh, estaba a cargo de uno de los departamentos de la iglesia que estaban bajo la supervisión de Danny en aquel entonces y tenía una gran pasión por la misión de su departamento pero la tarea administrativa le resultaba ardua. Cada vez que Danny se reunía con Josh, había múltiples crisis que aclarar porque Josh había estado tomando decisiones sin tener mucha comunicación ni organización.

Un día, Danny recibió una llamada de Josh que, con mucha emoción, le anunció que se le habían invitado a ir a un viaje de dos semanas a África para cuidar huérfanos y que quería el permiso de Danny. La respuesta instintiva inicial de Danny fue de darle un rotundo no. Aunque Josh había estado esforzándose en ajustar y gestionar mejor su departamento, todavía había muchos asuntos de organización que tenían que arreglarse que, ciertamente, no verían una mejora si de repente desaparecía durante dos semanas. Sin embargo, al reconocer esto como un momento de "entrenamiento de libertad", Danny dijo a Josh, "Muy bien, este es el trato. Siempre y cuando me hagas sentir como un genio, puedes irte a África".

"¿Siempre y cuando te haga sentir como un genio?" dijo Josh. "¿Qué quiere decir eso?"

"Bueno, ¿cómo te piensas que me siento ahora mismo con que te ausentes dos semanas de tu trabajo?" preguntó Danny.

"¿No muy bien?"

"Exacto. ¿De qué piensas que tengo miedo?"

Josh pensó durante un momento, después dijo, "Tienes miedo de que mi trabajo pase a ser el tuyo".

"Correcto. Tengo un trabajo ya. Por eso te pago para que hagas el tuyo".

"Así que... ¿estás diciendo que no?"

"Estoy diciendo que sí. Puedes ir siempre y cuando me hagas sentir como un genio por dejar que te ausentes de tu trabajo durante dos semanas".

Así que Josh se puso a urdir un plan reclutando ayudantes que supervisasen su departamento durante dos semanas. Se los presentó a Danny que se vio favorablemente impresionado y dio permiso a Josh para que se fuese de viaje. Se puso aún más contento cuando el plan funcionó perfectamente y no tuvo que verse involucrado en arreglar ningún problema durante la ausencia de Josh.

Al final, forjamos una libertad saludable y disminuimos el temor al fracaso ayudando a las personas a arreglar y a aprender de sus errores sin castigarlos (y limpiando y aprendiendo de los nuestros).

Hace un tiempo, una de mis amigas que solía gestionar un departamento grande de su compañía, tenía un subalterno que, por error, firmó un contrato vinculante sin consultarlo previamente con ella. Mi amiga revisó el documento, se dio cuenta de que iba a acarrear unas pérdidas significativas al departamento, y supo que tenía que actuar rápidamente para ver si podía zafarse del contrato o minimizar los daños. Los contratos vinculantes son, obviamente, difíciles de cambiar y terminó costándola seis meses de negociaciones por teléfono y correo electrónico antes de que pudieran solucionar la situación (a Dios gracias, en beneficio de mi amiga).

Lo normal es que en un proceso largo como este, haya infinitas oportunidades para que la vergüenza, la frustración y el resentimiento hagan mella, pero ya que mi amiga tenía un enfoque libre de castigo en su liderazgo, se aseguró de que eso no ocurriera. Como un buen líder de nivel 5, lo primero que hizo fue mirarse al espejo y hacerse con la mayor parte de la responsabilidad para remediar el enredo, después ayudó a su empleado a crecer a través de esta experiencia. Cuando se reunieron para hablar sobre el error y sus consecuencias, mi amiga tuvo cuidado en permanecer centrada en la meta del aprendizaje. Hizo a su subalterno tres preguntas formidables:

1. "¿Hay algo que pueda decir o preguntarte que no hayas hecho tú ya?"
2. "¿Has aprendido todo lo que tienes que aprender para no volver a repetir este error?"
3. "¿Piensas que esto volverá a ocurrir?"

Estas preguntas ayudaron al empleado a hacerse con un plan para evitar que algo similar volviera a ocurrir en el futuro. Aunque mi amiga ya ha dejado ese puesto, su subalterno sigue siendo un miembro valorado de la organización (ahora con una sabiduría adquirida y curtido tras haber pasado por esa situación).

Cuando los socios o miembros del equipo son los suficientemente valientes y honorables como para gestionar los errores sin el uso del castigo, las personas aprenden que es seguro ser libre a la vez que aprenden a utilizar bien dicha libertad. Se ven motivados a prevenir los errores, no por temor al castigo, sino por una pasión por proteger al equipo. Esta es una forma poderosa en la que crece el honor en nuestras relaciones y la libertad en nuestros trabajos.

MAESTRÍA: LAS PERSONAS PUEDEN CRECER HACIA LA EXCELENCIA

La maestría, escribe Pin, es "el deseo de mejorar más y más en algo que importa"[2]. Es el deseo de alcanzar excelencia personal y está entretejida en cada uno de nosotros por nuestro Creador. Nadie aspira a ser mediocre. Cuando decidí ser pintor, tenía una meta muy sencilla: ser el mejor pintor que pudiera ser, no para cargarme a la competencia, sino para alcanzar mi máximo potencial. Creo que la mayoría de las personas que dirigen un negocio se ven impulsadas por el mismo deseo.

En las relaciones basadas en el temor, el temor al fracaso infecta este deseo natural por la excelencia. Fomenta una mentalidad de pobreza en lo referente a la excelencia que asume:

1. El potencial de algunas personas es más importante o de más valor que el de otras.
2. Hay escasez de oportunidad para que todo el mundo crezca y alcance su potencial.
3. El éxito debe ser muy parecido para cada persona.

Esta mentalidad, como es natural, nos lleva a la comparación, la envidia, la irresponsabilidad, la mediocridad y la competición perniciosa (todas estas son cosas que deshonran e intoxican la conexión). En estos entornos, las personas terminan usándose para adelantarse o intentar denigrar a los demás por beneficio propio.

En las relaciones honorables, sin embargo, se asumen cosas bastante diferentes. El honor cree que:

1. Cada persona tiene un potencial muy peculiar e igualmente valioso.
2. Hay abundancia de oportunidad para que cada persona alcance su potencial y consiga la excelencia.

---

2 Pink, *Drive*, 108-109

3. El éxito es diferente para cada persona porque todos tenemos un potencial diferente.
4. La excelencia no es un lujo del que disfrutamos algunos, es una contribución que le debemos al mundo.
5. Cada uno necesita alcanzar su potencial.

Estas conjeturas nos conducen a buscar la peculiaridad en nosotros mismos y en los demás, no a compararnos sino a entender y apreciar a los demás y a asociarnos con los demás en nuestra búsqueda de la excelencia.

En cualquier equipo, la necesidad de entendernos es una misión crucial por dos razones. La primera, el hecho de entendernos reduce la ansiedad. Los seres humanos tienden a ponerse nerviosos cuando están rodeados por personas y comportamientos que no entienden. En segundo lugar, cuanto más aprendemos sobre las fortalezas, habilidades, comportamientos, sueños e intereses de los demás, más podremos hacer uso de esta información a la hora de tomar decisiones y de colaborar.

Danny y yo solemos usar herramientas para averiguar el perfil del comportamiento como DISC y la evaluación Clifton StrengthsFinder con nuestros equipos para ayudar a los miembros a entenderse entre sí. Estas herramientas son poderosas a la hora de crear una estructura en la que cada individuo aparezca y sea visto por el equipo en toda su peculiaridad. Están basadas en el honor y forjan honor porque nos muestran cómo pueden ser utilizadas las características de nuestro comportamiento, que podríamos haber tratado previamente como "manías", como puntos fuertes en el equipo para darnos estrategias eficaces para suplir las necesidades los unos de los otros. A medida que los miembros del equipo empiezan a fluir y crecer en sus fortalezas en un entorno en el que se sienten valorados y apreciados, la excelencia sale a la superficie de manera natural.

En 2014, los líderes principales de una iglesia en Europa invitaron a Danny y a mí a ir y hacer una semana de aprendizaje con su equipo de liderazgo. Aunque esta iglesia estaba teniendo, en general, un impacto positivo en su ciudad y región, el personal estaba experimentando ciertos problemas importantes de estrategia, organización y liderazgo y estos líderes estaban deseosos de recibir ayuda.

Antes de llegar, Danny pidió que los treinta miembros del personal hicieran el test DISC. Una de sus metas a la hora de utilizar DISC es identificar dónde puede haber un desequilibrio en la composición del equipo. En general, es saludable y productivo que el equipo tenga una mezcla equilibrada de los diferentes estilos de comportamiento. Sin embargo, lo que suele ocurrir es que los líderes de los equipos tienden a rodearse de personas que son como ellos. El tercer día de nuestra semana de entrenamiento, Danny pidió a cada persona que se dirigiera a una esquina diferente de la sala dependiendo en qué letra (D, I, S, C) fuese la más sobresaliente en su test. Tal como anticipamos, la mayoría del equipo representaba las fortalezas del líder y se dirigieron a las esquinas de las letras D e I. Unas pocas personas fueron a la esquina de la S y solo una mujer fue a la esquina de la C.

En caso de que no estés familiarizado con el test DISC, lo que estábamos viendo básicamente era un equipo repleto de personas valientes a la hora de hacer y de tomar decisiones (Ds) y creadores de ideas e inspiración (Is), pero con casi nadie que se asegurase de que la gente se sintiera apoyada y cuidada (Ss) ni desarrollando sistemas organizativos para que las cosas fluyesen con suavidad (Cs). A medida que continuamos con la formación, salió a la luz que esta mujer con el perfil C había estado haciendo un trabajo sobrehumano para mantener todos los sistemas fluyendo tan fluidamente como lo habían hecho. Ella era la ayudante del pastor, contable, interventora y ella sola había gestionado los contratos para construir el edificio de dos plantas con un santuario para setecientas personas. No era de sorprender que estaba luchando con un alto grado de estrés en su cargo y necesitaba apoyo y atención en sus áreas de administración.

Esta actividad tan sencilla nos mostró inmediatamente la "bomba de ansiedad" que este equipo no había podido identificar con anterioridad. Entonces es cuando empezó el trabajo de verdad al Danny, en su forma divertida, directa y graciosa, empezar a confrontar a los líderes principales en su responsabilidad a la hora de crear este desequilibrio y desconexión en la composición del equipo y la cultura. Podías sentir la incomodidad en la sala a medida que él los desafiaba a reconocer el problema y su necesidad de hacer ajustes. Gradualmente, mediante varios ejercicios y sesiones moderadas de retroalimentación entre los miembros del equipo, sus mentes y corazones empezaron a abrirse para recibir la dura verdad, y muchos del equipo mostraron un alivio y gratitud visibles ante el hecho de que, por fin, sus líderes los estaban viendo y escuchando.

Uno de los ejercicios que hizo Danny en este proceso fue particularmente revelador y desafiante para uno de los líderes del equipo. En este ejercicio, Danny preguntó, "Si fueses a empezar una colonia en Marte y tuvieras que escoger a cinco personas de la iglesia para llevar y replicar la cultura que hay aquí, ¿a quién escogerías?" Cuando recogieron las treinta y pico listas de nombres, se dieron cuenta de que el nombre de este líder en particular no aparecía ni una sola vez. Al principio, este hombre se sentía dolido y desilusionado de que su equipo no le viera como uno de los líderes catalizadores que fuese pionero y reprodujese la cultura. Sin embargo, Danny le explicó que su estilo de liderazgo suplía otras necesidades presentes en la cultura y que era muy valioso. Pudo aceptar quién era como líder y moverse en una libertad y claridad mayores en cuanto a su papel en el equipo.

Hacia el final de la semana, cambiamos el enfoque para pasar al plan estratégico. Danny y yo dimos al equipo de liderazgo deberes que incluían completar una declaración nueva de misión, visión y valores, señalando líderes de equipos, reorganizando departamentos y mejorando su sistema de contabilidad. También concertamos una serie de reuniones para hablar del progreso que culminaría con una sesión de seguimiento con Danny en un año. Nuestro encargo final para el grupo fue que la única forma en la que podrían llevar a cabo su misión de cuidar de su ciudad y país era creando una cultura afectuosa en su equipo en la que cada miembro se sintiese poderoso para llevar a cabo su tarea y apoyado por el equipo mientras lo hacía.

En los tres años transcurridos desde esa reunión, hemos intercambiado muchos correos electrónicos y llamadas por Skype con estos líderes y nos encanta ver el progreso que han llevado a cabo en su cultura. Danny sigue viajando a la iglesia y continúa formando a su liderazgo, y seguimos recibiendo reportajes de que los miembros de este equipo están floreciendo, creciendo y consiguiendo resultados excelentes todos juntos.

PROPÓSITO: LAS PERSONAS PUEDEN SOLUCIONAR PROBLEMAS DE PERSONAS

En una cultura basada en el temor, las personas nunca llegan a conectar con un propósito grande, porque viven para sobrevivir. Están moviéndose rápidamente y haciendo maniobras para cuidar de una persona. Su propósito es básicamente la seguridad material, seguida del estatus social y del poder para protegerla. Naturalmente, esto hace que surja el enfoque clásico sin honor en los negocios, que es sencillamente buscar beneficios, riqueza y poder como fines para beneficiarse uno mismo. No importa cuántas personas destrozan sus vidas y negocios en esta búsqueda, para solo darse cuenta al final de sus vidas de que se han perdido la recompensa de trabajar por un propósito mayor, las personas siguen apuntándose para conseguirlo.

El propósito honorable de los negocios no es solo conseguir dinero, sino solucionar los problemas de las personas. Los bienes y servicios deben ser sencillamente eso: deberían traer el bien a las vidas de las personas y servirlas de formas que suplan sus necesidades. En el momento que nos desconectamos de ese propósito es el momento en el que empezamos a sacar nuestro negocio del rumbo correcto.

Ya que los equipos de honor en los negociosos tienen las personas, en lugar de tener solo el dinero, en mente, llevan la misma prioridad en sus relaciones con sus clientes que la que llevan en su equipo. Quieren construir conexión. Quieren comprometerse con decir la verdad, recibir bien y servir bien. Quieren fomentar la confianza, la seguridad y el sentimiento de pertenencia entre sus clientes y su negocio o marca. Quieren establecer un fluir de retroalimentación y rendición de cuentas saludables. Y quieren que sus clientes reciban la recompensa de una vida mejorada tanto por un servicio o producto excelente como por el intercambio relacional y financiero que hizo que ocurriera.

Como mencioné en el capítulo 5, después de cuarenta años en los negocios, Hasson, Inc. ha desarrollado relaciones fuertes y a largo plazo con gran cantidad de clientes a los que consideramos socios en el negocio. Estas relaciones se han forjado a través de un compromiso mutuo de "mirar por el interés del otro", como dice el apóstol Pablo. Sabemos que podemos contar los unos con los otros para comunicarnos con honestidad y para trabajar juntos creando las muchas soluciones necesarias para completar proyectos complejos y a largo plazo de construcción y esperamos seguir trabajando juntos en los años venideros. Aun en estas relaciones surgen asuntos, ocurren problemas y estallan los temperamentos, pero al final tras años de trabajar juntos sabemos que se encontrará la solución y que los asuntos se resolverán.

Otros clientes, sin embargo, no han devuelto honor por honor. No entraré en detalles pero hemos experimentado un choque cultural lo suficientemente grande con ellos como para reconocer que sencillamente no podríamos seguir trabajando juntos. Por ejemplo, la compañía con la que tuve la difícil conversación en la que Rich me confrontó, es una compañía para la que no volveré a trabajar. Demostraron falta de honor a lo largo de toda la fase de construcción, cierre, litigación y resolución.

La relación con los clientes es normalmente donde los equipos y las relaciones de los negocios se enfrentan al temor al fracaso en lo referente a la consecución de su propósito. Cuando el negocio comete un error, o cuando el cliente es un explotador o deshonroso de cualquier forma posible, el temor al castigo se vuelve grande. (Estos días el gran "castigo" para los negocios es recibir críticas malas en internet).

Los equipos honorables ayudan a disminuir este temor trabajando para evitar que se levanten problemas mediante una comunicación constante y asertiva y cubriendo los unos las espaldas de los otros (como hizo mi amiga por su subalterno directo cuando estaba negociando para salir del contrato perjudicial), manteniéndose responsables a la hora de seguir siendo honorables (como hizo Rich cuando me confrontó durante la llamada para llegar a un acuerdo), y buscando una resolución saludable cuando hay un problema.

LO CUAL NOS TRAE DE VUELTA A LA CONEXIÓN

La recompensa final que buscamos en las relaciones de negocios son las relaciones mismas. Una vez más, hemos sido formados para tener conexión, que es donde experimentamos la satisfacción de nuestra necesidad de confianza, seguridad y sentimiento de pertenencia.

El temor que evita que disfrutemos de la recompensa de la conexión es el temor a la desconexión, definición de Brené Brown para la vergüenza. Como ya hemos hablado de la relación existente entre la vergüenza y la identidad de huérfano y la vulnerabilidad que debemos perseguir para tener una identidad saludable, no volveré a hablar de ello. Pero quiero mencionar una estrategia importante de la que suelen disfrutar las personas que están en relaciones honorables como recompensa de esa relación: *se divierten.*

La diversión siempre ha sido una prioridad en mi compañía. Cuando conectamos como equipo al principio de nuestras reuniones semanales de operaciones, normalmente intento hacer preguntas o contar chistes que hagan que el equipo se abra. En muchas ocasiones, este momento se convierte en sesiones para contar historias o para hacer búsquedas de vídeos divertidos en internet.

En una reunión reciente, pregunté a mi equipo qué música habían estado escuchando últimamente. Uno dijo, "Rock clásico". Otro mencionó un álbum de alabanza. El siguiente dijo, "Canto gutural mongol". Todos le miramos perplejos.

"¿Es un chiste?" pregunté, riéndome.

Nos aseguró que el canto gutural mongol existía y empezó a sacar videos en YouTube para demostrarlo.

Después de demasiados minutos viéndolos y riéndonos juntos, por fin nos pusimos manos a la obra. Como suele ser habitual, compartir algo divertido había hecho que nos olvidásemos del trabajo durante unos minutos, disfrutásemos de la conexión los unos con los otros y nos pusiésemos de buen humor. El hecho de empezar la reunión con un nivel de ansiedad bajo y uno alto de conexión produce una mejor comunicación y una energía fresca para afrontar los problemas.

Tengo otro amigo que ha hecho un gran trabajo construyendo una cultura de diversión en su compañía de servicios financieros. Ciertos viernes, contrata camiones de comida gourmet y camiones de helado para servir a su personal en el aparcamiento. Una vez alquiló un cine para que sus empleados y familias vieran *Los Miserables* el fin de semana del estreno. Es un aficionado del café (algunos lo llamarían snob), así que trae su vanguardista cafetera expreso al trabajo y sirve a su personal como si estuvieran en una verdadera cafetería. Su comedor se enorgullece de tener una máquina comercial de hacer palomitas. En vez de dar el consabido premio al "empleado del mes", tienen un premio muy codiciado denominado Corona Abierta del Séquito del Rey, que está a la vista de todos durante un mes sobre el escritorio del ganador. Estas son tan solo unas *pocas* maneras en las que celebra a las personas y ayuda a que todos disfruten de estar en su equipo.

EL HONOR MAXIMIZA LAS RECOMPENSAS

Muchas personas han observado los cambios generalizados en la cultura laboral moderna durante las últimas dos generaciones. En general, las personas se han deshecho de la meta de trabajar para una organización durante toda su vida con la esperanza de maximizar las recompensas de las que hemos hablado en este capítulo. La vida laboral durante la que quieren vivir es una vida en la no solo ganan bastante dinero, sino en la que disfrutan de más libertad y crecimiento, sirven a un propósito mayor y construyen conexiones ricas con las personas con las que trabajan y hacen negocios. Estos son buenos deseos, pero es esencial darse cuenta de que el honor es la clave más importante para llevarlos a cabo. Ir de trabajo en trabajo, de puesta en marcha a puesta en marcha, de organización a organización con la esperanza de encontrar un lugar donde se encaje a la perfección no va a ser de ayuda a no ser que sepas quién eres, cómo construir y proteger las conexiones con las personas, y cómo suple el equipo las necesidades de sus miembros dirigiéndose hacia la excelencia. A fin de cuentas, las recompensas que buscamos en los negocios son todas recompensas relacionales, porque ninguno de nosotros puede conseguirlas por sí solo. Nos necesitamos los unos a los otros.

PASANDO DEL TEMOR AL AMOR Y AL HONOR EN LAS RELACIONES

PASO 1: RECONOCE EL TEMOR

1. *¿Ves algunos de los siguientes comportamientos o dinámicas en tus relaciones laborales?*
    (Respuestas: a. Nunca   b. A veces   c. A menudo)

Me cuesta compartir mis opiniones.

a. ☐   b. ☐   c. ☐

Evito pedir ayuda.

a. ☐   b. ☐   c. ☐

Prefiero hacer las cosas solo y a mi manera.

a. ☐   b. ☐   c. ☐

Necesito controlar la conversación.

a. ☐   b. ☐   c. ☐

Me cuesta confiar en las personas.

a. ☐　　b. ☐　　c. ☐

Me cuesta recibir de las personas.

a. ☐　　b. ☐　　c. ☐

Me cuesta servir a las personas.

a. ☐　　b. ☐　　c. ☐

Me cuesta decir que no cuando alguien me pide algo.

a. ☐　　b. ☐　　c. ☐

Evito decir que sí ante más responsabilidad.

a. ☐　　b. ☐　　c. ☐

No me gusta recibir retroalimentación.

a. ☐　　b. ☐　　c. ☐

Evito confrontar a las personas.

a. ☐　　b. ☐　　c. ☐

Me resulta difícil que alguien obtenga algo que quiero.

a. ☐　　b. ☐　　c. ☐

Suelo dejar las cosas para otro momento.

a. ☐　　b. ☐　　c. ☐

SEGUNDO PASO: ACLARAR LA META DE LA CONEXIÓN

1. *¿Con qué asiduidad practicas estos comportamientos honorables?* (Respuestas: a. Nunca b. A veces c. A menudo)

Comparto lo que pienso, siento y necesito con libertad con los miembros de mi equipo.

a. ☐　　b. ☐　　c. ☐

Escucho para entender cuando alguien me está contando lo que siente, piensa y necesita.

a. ☐　　b. ☐　　c. ☐

Cuando me entero de lo que otro necesita de mí, adapto mi comportamiento para servirle.

a. ☐　　b. ☐　　c. ☐

Me siento cómodo pidiendo y recibiendo ayuda cuando la necesito.

a. ☐　　b. ☐　　c. ☐

Busco de manera constante retroalimentación de los miembros de mi equipo para entender cómo los hago sentir y dónde puedo hacer ajustes.

a. ☐　　b. ☐　　c. ☐

Confronto a los miembros del equipo de manera rápida y cariñosa cuando veo actitudes o comportamientos que no traen honor.

a. ☐　　b. ☐　　c. ☐

Me gusta recibir y recibo confrontación cariñosa de los miembros del equipo cuando no soy honorable.

a. ☐   b. ☐   c. ☐

Busco entender constantemente los estilos de comportamientos, gustos, etc. de los miembros de mi equipo para poder suplir sus necesidades.

a. ☐   b. ☐   c. ☐

Busco formas en las que animar, afirmar y apreciar a los miembros de mi equipo.

a. ☐   b. ☐   c. ☐

Me gestiono para avanzar hacia la meta de ser capaz de vivir con un alto grado de libertad, responsabilidad y autocontrol, y espero lo mismo de mis compañeros.

a. ☐   b. ☐   c. ☐

TERCER PASO: COMPROMETERSE A AMAR Y HONRAR

1.   Medita y declara las siguientes convicciones y compromisos.

Soy un hijo/a y ya no soy esclavo del temor. El amor y el honor me capacitan para echar fuera todo el temor.

Ya no soy esclavo del temor a la escasez. Mi Padre provee generosamente todas las cosas que necesito para florecer y tener éxito. Confío que, a medida que me centro en lo que le interesa a Él, Él hará lo mismo por mí. Me niego a enzarzarme en comparaciones ridículas, competición y envidias con otras personas. Mas bien, buscaré maneras en las que ser generoso e invertiré en el éxito de los demás.

Ya no soy esclavo del temor al fracaso. Mi Padre cree en mi éxito y quita toda la vergüenza y el temor al castigo de mis errores para que pueda aprender, crecer y vencerlos. Enfrentaré con valentía los problemas y desafíos, confiado de que Él me ayudará a vencer y a encontrar soluciones.

Ya no soy esclavo del temor a la desconexión (vergüenza). Mi Padre dice que soy digno de conexión. Por lo tanto, iré tras la meta de construir, sostener y proteger la conexión con los demás. Seré asertivo a la hora de comunicar mis pensamientos, sentimientos y necesidades. Buscaré retroalimentación, escucharé bien y haré los ajustes necesarios para servir a los demás. Confrontaré a los demás de manera valiente y generosa estando yo mismo abierto a la confrontación y siendo rápido para perdonar. Seré poderoso y responsable en las relaciones en la parte que me concierna. Mantendré encendidos mi amor y mi honor, sin importar lo que hagan los demás.

HERRAMIENTAS ADICIONALES Y RECURSOS PARA EXPLORAR

* "Conócete, Conoce a Tu Equipo", mensaje en audio de Danny Silk
* Test DISC (recomendamos los recursos DISC desarrollados por Target Training International)
* *StrengthsFinder 2.0* de Tom Rath (libro con un código para la evaluación)

PARA OBTENER UNA VERSIÓN EN PDF DE ESTA ACTIVACIÓN Y ACTIVACIONES Y RECURSOS ADICIONALES, POR FAVOR VISITAR WWW. BUSINESSOFHONOR.COM.

HONOR

Y

LIDERAZGO

Capítulo 9

CORAZÓN Y HÁBITOS DE LÍDERES DE NEGOCIOS QUE HONRAN

E l tema de un liderazgo que honra es para todos, no exclusivamente para los que están en posiciones de liderazgo. Para empezar, el liderazgo es la trayectoria natural de cada persona con una identidad de honor. Los hijos y las hijas deben crecer para convertirse en padres y madres. El honor nos llama a cada uno a liderar tomando la iniciativa en cuanto a lo que hay que hacer que sea correcto en cada situación e invertir en las conexiones con las personas. No importa cuál sea tu cargo en una organización, el hecho de aprender a llevar los valores principales del honor debería terminar fomentando un deseo y sentimiento de responsabilidad para ayudar a que otros crezcan en honor. Por otra parte, cada persona en cualquier organización participa en una relación con el líder. Cuanto más entiende cada persona las prioridades del honor, las metas y las responsabilidades de ambas partes de la relación, mayor será la posibilidad de que sea saludable y exitosa.

A Danny le gusta describir al líder de una organización como el que "mantiene la llama encendida". La llama es el propósito de una compañía, la razón por de su existencia. Esta razón, como explica

Simon Sine en *Start with Why* (*Empieza con el Por Qué*), no es lo QUE hace la compañía ("Pintamos edificios"), ni CÓMO lo hace ("Somos excelentes y eficientes"), sino el POR QUÉ que hay detrás de estas cosas ("Servimos a nuestros socios a largo plazo en el negocio de la construcción y hacemos nuestra parte para que sus proyectos sean un éxito cosa que, a su vez, sirve a las personas que utilizarán los edificios que terminamos juntos"). La tarea del líder es asegurarse de que haya claridad, convergencia e impulso alrededor del propósito por toda la organización.

Sin embargo, los líderes que honran entienden que el POR QUÉ de una compañía debe estar insertado en su QUIÉN. El verdadero propósito tan solo puede vivir en los corazones de las personas. Solo las personas que tienen una conexión de corazón con su propósito se verán dirigidas y motivadas internamente a practicar el comportamiento que, finalmente, cumplirá dicho propósito. Y solo un grupo de personas que está conectado y alineado en su corazón y en la práctica los unos con los otros, puede establecer una cultura que cree el impulso para conseguir su propósito común. De esta forma, mantener la llama del propósito encendida en una organización se reduce a mantener el corazón de las personas conectados en tres dimensiones:

1. Las Personas con el Propósito
2. Las Personas con las Personas
3. Las Personas con la Práctica

Mientras que cada persona en una organización tiene la responsabilidad de mantener la llama del propósito encendida en sus corazones, la realidad es que necesitamos los unos la ayuda de los otros para hacer esto. La vida en general, y el trabajo en particular, está llena de cambios y dificultades que desafían nuestra capacidad de aferrarnos a nuestro propósito y solo podemos enfrentarnos a esto con éxito si lo hacemos juntos. Es por esto por lo que cada grupo social busca líderes para recibir inspiración y ánimo. *Inspirar* significa poner espíritu (literalmente, poner aliento) en las personas. *Animar* significa poner coraje (literalmente, poner corazón) en las personas. Los líderes buenos no solo nos recuerdan qué debemos hacer; añaden combustible a nuestro interior insuflando vida en las cosas que tenemos como más queridas. Nos fortalecen desde dentro hacia fuera. Y lo hacen no tan solo llevando la llama del propósito, como el portador de la antorcha olímpica, sino ardiendo con ella: siendo la antorcha.

Específicamente, los líderes mantienen la llama del propósito encendida cumpliendo tres responsabilidades para su gente: modelando, empoderando y protegiendo. Me gusta ilustrar estas responsabilidades con un triángulo en tres posiciones.

Modelando significa estar al frente. Este aspecto del liderazgo incluye gestionarse a uno mismo, la contratación y el desarrollo del liderazgo.

Empoderando significa colocarse debajo. Esto incluye crear oportunidades, asegurarse de que se están satisfaciendo las necesidades de las personas y requerir de ellas que den resultados.

Protegiendo significa estar por encima. Esto incluye dar retroalimentación, asegurarse de que haya rendición de cuentas y proteger los límites mediante una confrontación sana.

Miremos más de cerca cómo moldean el liderazgo en estas tres áreas el corazón y los hábitos del honor.

MODELANDO: ASÍ SOMOS

El verbo *modelar* significaba originalmente hacer un molde de barro o cera. Significa colocar algo de manera activa para que tenga una forma en particular (por ejemplo, una versión en miniatura de los planos de un edificio) para que sirva de representación visual de lo que se va a edificar a una escala más grande.

La responsabilidad de modelar significa que cada líder honorable debe ser primero una persona de honor, alguien que lleva los valores centrales de una identidad de honor y que camina en ellos en relaciones honorables, para poder ayudar a los que esté liderando a crecer para que lleguen a ser personas de honor que crean relaciones honorables. Cada líder que es auténtico reconoce que solo puede dar lo que ya tiene. La influencia genuina que se gana los corazones de las personas no se consigue por medio de discursos llenos de carisma, sino tomando un trozo de nuestras vidas y ofreciéndoselo a otros. El que mantiene la llama solo puede encender el propósito en las personas en la medida que haya mantenido su propia llama ardiendo.

Por esta razón, cada líder tiene que seguir con detenimiento el consejo que dio David a Salomón: "Sobre toda cosa guardada, guarda tu corazón; porque de él mana la vida"[1], y la instrucción que Pablo dio a Timoteo: "Ten cuidado de ti mismo"[2]. Jim Collins dice que los líderes del nivel 5 se miran al espejo cuando hay problemas y miran por la ventana cuando los que lideran consiguen tener éxito. Añadiría que mirarse al espejo y mirar por la ventana debería ser una práctica habitual para los líderes que esperan cumplir con su responsabilidad de modelar. Como líderes honorables miran por la ventana para ver los aspectos específicos de la cultura que quieren forjar o mejorar estando ellos presentes, siempre deben volver y mirarse en el espejo para ver cómo se están responsabilizando de liderar esos aspectos. También, los líderes honorables entienden que para mirarse correctamente en el espejo, necesitan que sus amigos más cercanos y compañeros los ayuden a ver sus puntos muertos. Esta es la razón por la que los líderes del nivel 5 trabajan en equipo con otros líderes de nivel 5.

La falta de honor no es algo que solemos escoger activamente, es la elección que tomamos por defecto motivada por el temor cuando no estamos escogiendo el honor de manera activa. Los líderes deben darse cuenta de que no hay terreno neutral; o están escogiendo de manera activa el honor o están cayendo en falta de honor, o están

---

1 Proverbios 4:23
2 1 Timoteo 4:16

persiguiendo de manera activa la meta de la conexión o por defecto están inclinándose hacia la meta de la desconexión. Esto significa que deberían tener la costumbre de hacerse chequeos tanto a sí mismos como a sus relaciones (lo que yo denomino "estar al día" conmigo mismo y con las personas para que se puede identificar con rapidez cualquier temor o desconexión). A continuación hay algunas preguntas que deberían formar parte de la comprobación habitual que debería tener un líder de sí mismo y de las relaciones:

"¿Me veo..." (chequeo personal) y "¿Me ves..." (chequeo relacional):

- persiguiendo la meta de la conexión, especialmente con los que son más cercanos a mí, o he permitido que el temor me convenza de empezar a crear distancia con cualquiera?
- comunicando la verdad en amor a las personas, o ya sea escondiendo o hiriendo a las personas con la verdad?
- buscando de manera consistente la retroalimentación en fuentes de confianza, o estoy evitando la retroalimentación?
- estando abierto a la confrontación o la estoy resistiendo?
- arriesgándome a crecer y aprender, o permitiendo que me ate el temor al fracaso o ser considerado como un incompetente?
- con la necesidad de arreglar lo que he hecho mal?
- centrándome en exceso en el corto plazo?

Si alguna vez has ido de camping, sabrás lo que se necesita para que la fogata siga ardiendo. Básicamente tienes que vigilarla constantemente para asegurarte de que no se está ni descontrolando ni apagando. De la misma manera, mantener la llama de conexión con el propósito, las personas y la práctica de arder en tu cultura requiere un mantenimiento cuidadoso. Guardar tu corazón comprobando cómo vas tú y tus relaciones debe ser algo no negociable para cada líder que desea evitar la hipocresía y el compromiso en los que tantos líderes, la mayoría de los cuales nunca quisieron faltar al honor, terminan cayendo obteniendo resultados dañinos y, a veces, devastadores.

Stephen Mansfield en su corto libro, *10 Signs of a Leadership Crash* (*Las 10 Señales del Colapso en el Liderazgo*), depura las lecciones de una "caída post-mortem en el liderazgo" que él y su equipo del Grupo Mansfield han compilado durante una larga carrera restaurando líderes tras haber caído moral o económicamente. Dice que las diez señales de que un líder se está dirigiendo a la falta de honor y a la destrucción son:

1. Estar anticuado (mantenerse en un papel en particular más tiempo del que sabes que deberías estar)
2. Escoger el aislamiento (desconectarse de las personas)
3. Definir episodios de amargura (aferrarse a ofensas)
4. Evadir confrontación (rodearse de personas que no te responsabilizan de tus actos)
5. Perder amistades de confianza (permitir que la distancia crezca en las amistades cercanas o dejar de crear conexiones nuevas tras una pérdida)
6. Olvidar la diversión (no hacer tiempo para tener un descanso, recreación y recuperación sanas fuera del trabajo)
7. Perpetuar una imagen artificial (permitir que tu marca o imagen pública tome el control de tu vida y nunca salgas del "modo rendimiento")
8. Servir al horario (permitir que las demandas de la estructura y las operaciones eclipsen el propósito)
9. Construir un tercer mundo (escapar de las cosas que no quieres confrontar en tu vida)
10. Perder la poesía (perder el amor y la pasión que vienen de tener una conexión profunda con tu propósito)[3].

El lema que veo en cada una de estas diez señales es la desconexión: del propósito, de las personas, de la práctica. Al final, es una desconexión de nuestros propios corazones. En el momento en el que

---

3 Stephen Mansfield, *10 Signs of a Leadership Crash* (Nasville, TN: Blackwatch Digital, 2017)

nos desconectamos de nuestros corazones, empezamos a dirigirnos hacia el colapso. Así pues, tal como sugiere esta lista, debemos ser disciplinados en prácticas que mantienen la conexión y evitan la desconexión. Además de hacernos con regularidad, y a nuestros amigos más cercanos, las preguntas de comprobación personal y relacional que hemos visto anteriormente, también deberíamos asegurarnos de estar en la época correcta, evitando el aislamiento, perdonando rápidamente las ofensas, rodeándonos de personas que estén dispuestas a confrontarnos de manera consistente, protegiendo y alimentando las relaciones cercanas, separando un tiempo para la diversión, negándonos a permitir que nuestra imagen empequeñezca la realidad o que la obligación eclipse el propósito y asegurándonos de que la llama de nuestros corazones siga ardiendo para el propósito, las personas y las prácticas por las que nos levantamos cada día.

Nunca olvidaré la conversación en la que Wm. Paul Young me dijo, "Vivo mi vida sin secretos". La idea misma de no tener secretos ha sido una que nunca había considerado, probablemente porque nunca supe que era posible. Cuando escuché a Paul decirlo, sin embargo, pensé, *Esa es mi nueva meta*. Desde esta conversación tan inspiradora, honesta y desafiante, he empezado el proceso de aprender a vivir una vida sin secretos. Tengo un amigo con el que conecto de una manera tan regular que si pasan tres o cuatro días sin hablarnos, nos enviamos un mensaje preguntándonos qué está pasando. En un viaje reciente fuera del país que hice para dar charlas, mi horario estaba tan lleno que no tuve ni un minuto para conectar con él. Al tercer día del viaje, recibí el siguiente mensaje de él: "Han pasado treinta y seis horas desde la última vez que dijiste algo. ¿Estás bien? Si te han secuestrado, puedo organizar un rescate y un equipo para que te libere". Me reí y le envié un mensaje inmediatamente. Su próximo mensaje decía, "Qué mal. Estaba deseando planificar un rescate". Aunque divertido, su texto me envió el mensaje, "Me importas. He estado orando por ti. ¿Cómo estás?"

Las amistades como ésta nos dan el ánimo de seguir siendo vulnerables entre nosotros y de seguir persiguiendo la meta de la conexión. Escoger la conexión una y otra vez es un desafío para cada uno de nosotros, pero en especial para los líderes de las organizaciones. El cambio de personal es una realidad para la mayoría de los líderes, especialmente en la cultura actual en la que muchas personas buscan la salida cuando las cosas se ponen difíciles o incómodas. Tener la adaptabilidad para levantarse día tras día, mes tras mes, y luchar por un equipo y cultura conectados requiere mucho coraje.

Uno de los desafíos mas grandes que cada líder tiene a la hora de modelar es la presión que sienten de no permitir que su gente les vean trabajar o luchar con ello. Como suele decir Danny, la mayoría de las personas aman a los líderes que no conocen. Quieren líderes que estén a la suficiente distancia para no ver sus áreas de debilidad, porque esto hace que salte su inseguridad. En otras palabras, muchos líderes terminan en aislamiento y desconexión porque han escuchado al temor proveniente de su gente. Esta es la razón por la que el coraje y la vulnerabilidad de los líderes honorables son tan cruciales. Los líderes que honran deben liderar oponiendo resistencia al mensaje de temor que proviene de las filas y enfrentarlo con el mensaje, "La verdadera seguridad proviene de decir la verdad, no de esconderla". Esto no significa que un líder debería tener el mismo grado de vulnerabilidad con sus empleados que el que tienen con sus amigos más cercanos y equipo ejecutivo, pero sí significa que el líder debería estar trabajando para acortar la distancia que hay entre las personas en la organización. Si están cultivando una intimidad saludable con el equipo ejecutivo, el equipo establecerá un estándar para las relaciones que hay en la compañía.

CONTRATAR Y CULTIVAR LÍDERES: ADN COMPATIBLE

El hecho de añadir personas a una organización y, especialmente, preparar a las personas para ostentar cargos de liderazgo son también aspectos que el líder tiene la responsabilidad de modelar. Recuerda, modelar no es tan solo ser un ejemplo sino dar a algo una forma en particular de manera activa. Los líderes que honran moldean sus organizaciones añadiendo personas de honor a la misma, personas que, desde el primer día, demuestran que su corazón está dispuesto a conectarse con el propósito, con las personas y con las prácticas de la compañía. Esto es lo que Jim Collins quiere decir con "meter a las personas correctas en el autobús".

Desafortunadamente, he aprendido por las malas que por el mero hecho de que alguien sea un creyente no significa que encajarán bien en tu organización. A lo largo de los años, muchas personas me han pedido empleo y me han asegurado que serían un buen empleado porque aman a Jesús o van a la iglesia. He contratado a muchas de estas personas para puestos de bajo perfil pensando que sería fácil para ellos gestionar las habilidades necesarias para el trabajo y esperando que lo que de verdad importa (ética de trabajo, respeto, humildad y la capacidad de llevarse bien con las personas) estaría ahí a causa de los valores que profesaban tener. Sin embargo, una y otra vez, estas personas han demostrado ser incapaces o no estar dispuestos a conectar con nuestro propósito, personas y prácticas, y se han quedado cortos ante las expectativas de producción de nuestro equipo. Ahora, cuando contratamos, buscamos al candidato más cualificado que esté dispuesto a aprender, a trabajar duro y a poder encajar con rapidez en nuestra cultura. Si resulta ser creyente, mejor que mejor.

Esta misma norma es aplicable del lado de los empleados. He aconsejado a muchos empleados de los negocios llamados cristianos de los que se ha abusado de toda forma imaginable. En una ocasión, un jefe dijo a sus empleados que les pagaría cuando le pagasen a él. En California, la Agencia de Trabajo protege de los abusos de los patronos, y he recomendado muchas veces al empleado que acuda a esta Agencia para que le paguen. Cuando aconsejamos a una persona que está pensando trabajar en una compañía cristiana, la animamos a que haga sus deberes y descubra si encaja por completo y de antemano con el propósito, las personas y la práctica de esa compañía.

Cuando se trata de cultivar líderes, los líderes honorables no solo buscan personas entregadas a su organización, sino que también lleven el sueño para la próxima etapa de crecimiento de la organización. El arte de descubrir y preparar a estas personas es un proceso. Recuerda a Guinness y su tradición de que sus hijos fueran aprendices durante muchos años. Este proceso no solo enseñó a los hijos cada aspecto del funcionamiento del negocio, sino que también permitía a los padres impartir sus valores y corazón a sus hijos y conmocionar sus sueños sobre lo que llegarían a llevar a cabo como líderes que haría que la compañía consiguiera nuevos niveles de crecimiento y éxito. Hacía que el POR QUÉ de la compañía llegase a estar tan integrado en la generación más joven de líderes que cuando llegase el momento en el que éstos tomasen la llama del propósito como cabeza de la compañía, estuvieran totalmente preparados para arder con tanta intensidad, si no más, que sus padres.

Desafortunadamente, muchos líderes no piensan así porque están demasiado centrados en sí mismos y en el corto plazo. Algunos de estos líderes me recuerdan a un hombre que me encontré en un campo de golf justo después de que hubiera terminado un circuito histórico con mi hijo Kyler.

Mis dos hijos han jugado al golf conmigo desde que eran jóvenes. En los primeros años, solíamos jugar en circuitos pequeños y solíamos inventarnos las reglas (adaptando el par, jugando desde tees más adelantados, haciendo la vista ciega cuando no se podía jugar la pelota, etc.) lo cual permitía que el competidor emergente en cada uno de ellos jugase entre ellos y conmigo. Al hacerse mayores, nos olvidamos poco a poco de estas muletas y para cuando estaban ya en secundaria, todos jugábamos desde los mismos tees y utilizábamos las mismas normas que cualquier otro golfista. No pasó mucho tiempo sin que sobrepasasen mi puntuación, y sabía que se acercaba lo inevitable. Así fue, el día llegó cuando David me ganó. Un tiempo después, mientras David estaba en la facultad, Kyler y yo fuimos a jugar y le llegó su turno. Me permitió que fuera yo quién mantenía la puntuación, así que no lo supo hasta que no se lo dije (justo antes de lanzar al hoyo dieciocho) que se había cosechado una victoria.

Me faltó el tiempo para contar a los muchachos de la tienda que Kyler me había ganado, porque habían conocido a los chicos desde que eran muy pequeños. Radiante, les anuncié con orgullo, "Adivinad qué, ¡Kyler me ha ganado!"

Al empezar a chocar cinco, un golfista se me acercó y me preguntó, "¿Por qué le has permitido que te gane?"

"No le he *permitido* que me gane", dije. "Ha tenido un día magnífico. Y estoy muy feliz por él".

Para asombro mío, el hombre respondió, totalmente serio, "Nunca deberías permitir que tus hijos te ganasen. Háblale mal. Avergüénzalo para que nunca más te vuelva a ganar".

Todos nos quedamos mirándole con las bocas abiertas. El contraste entre mi perspectiva como padre en ese momento y la perspectiva de este hombre era tan drástico que para siempre quedará como un ejemplo tangible del contraste entre un líder honorable y otro huérfano. Los líderes honorables tienen el corazón de un buen padre o madre. Quieren ver a su gente, y en particular a los que estás preparando para tomar el testigo de liderazgo de su organización, crecer hasta alcanzar la excelencia y ver cómo les sobrepasan.

EMPODERANDO: DERRAMANDO FORTALEZA EN LAS PERSONAS

El empoderamiento es una palabra que está de moda ahora, así que quiero dejar claro lo que quiero decir al utilizarlo en conexión con un liderazgo honorable. Algunas personas parecen pensar que en una cultura de empoderamiento, los líderes deberían volverse innecesarios, todos deberíamos poder sentarnos alrededor de una mesa redonda y contribuir a la misión común sin que nadie tenga el papel de dirigir ni de tomar las decisiones finales. Sin embargo, tanto Danny como yo estamos de acuerdo en que no necesitamos una estructura exenta de liderazgo para que cualquiera de la compañía sea poderoso. Los puestos de liderazgo tan solo representan divisiones de responsabilidad que cada equipo debe tener si desea llevar a cabo algo juntos.

Jesús fue el líder más empoderador de la historia. Tomó doce hombres e invirtió en ellos durante tres años, los entrenó para hacer todo lo que Él hacía y les prometió que harían mayores cosas que Él. Después les confió Su misión de traer el Reino del Cielo a todo el planeta. Ni una sola vez dijo a Sus discípulos, "Realmente no necesitáis un líder. Quiero que se me vea como uno más". En vez de eso, los empoderó modelando un estilo de liderazgo del Reino totalmente contrario a lo conocido: "Sea el mayor entre vosotros como el más joven, y el que dirige, como el que sirve"[4].

Los líderes de negocios de honor se ven como siervos que son responsables de derramar fortaleza en su gente y de suplir sus necesidades, para que el equipo, la compañía u organización pueda servir y suplir las necesidades de sus clientes. Veo al liderazgo

---

4 Lucas 22:26

empoderador con cinco ingredientes básicos: crean oportunidades, asignan responsabilidades, protegen la libertad, ofrecen apoyo y requieren resultados. En todos estos ingredientes, es esencial la comunicación y ser buenos mayordomos conectados con el propósito.

Como patrón, creo oportunidades comprometiéndome con un propósito y una misión que son honorables (esto es, que están centrados en las necesidades de los demás en vez de en conseguir algo para mí mismo) y que necesitan de toda una organización para conseguirlo. Me esfuerzo al máximo para ofrecer estas oportunidades a las personas que no las verán tan solo como un trabajo o un ascenso, sino como oportunidades reales para comprometerse con la misma misión y propósito. Más allá de conseguir su compromiso, me esfuerzo en contratar o ascender a las personas que son más listas que yo y que aportan al equipo la mezcla apropiada de habilidades y estilos de comportamiento.

Los líderes honorables entienden que el hecho de empoderar a alguien que no puede o no quiere alienarse con su propósito crea división en el equipo y terminará cambiando el impulso de su cultura. Esta realidad explica el lema clásico que dice que las compañías deberían ser lentas para contratar y rápidas para despedir. Hice lo opuesto muchas veces en los primeros años de mi compañía, lo suficientemente a menudo como para descubrir por qué este lema se tenía que convertir en una política de nuestra compañía. Para nuestro personal administrativo, contratamos personas durante noventas días antes de extenderles la posibilidad de tener la totalidad del sueldo y de los beneficios. La meta en este período de prueba es observar al nuevo contratado para ver si es listo, si tiene una gran ética de trabajo, si está preparado para involucrarse en nuestras reuniones de operaciones y, lo que es más importante, para engranar con nuestro equipo. Lo normal es que los noventa días sean más que suficientes como para determinar si alguien va a funcionar o no (ahora suelo discernirlo en el primer par de semanas), y lo honorable es decirle a la persona lo que pensamos en el momento en que lo sabemos.

Lo siguiente, es empoderar a mis empleados asignándoles y aclarando sus tareas y responsabilidades explicando cómo éstas son cruciales para que nuestro equipo pueda cumplir su propósito. Quiero que todos sepan por qué estamos confiando en ellos a la hora de hacer lo que les hemos asignado a hacer y cómo el hecho de hacerlo "nos" protege.

Tengo un amigo que jugó en la NBA durante trece años y fue entrenador al más alto nivel durante el resto de su carrera. Cuando enseña técnicas del más alto nivel, siempre emplea una cantidad importante de tiempo enseñando la estrategia general del juego. Solo cuando entienden el POR QUÉ, enseña el CÓMO (la técnica, los juegos, entrenamientos duros y el condicionamiento físico que acompañan al hecho de ganar los partidos de baloncesto). Hasta en el aspecto más pequeño de lo básico, él comunica el POR QUÉ mostrando a los jugadores cómo los bases más pequeños, su bloqueo y su juego de pies desembocan en un oportunidad para marcar o para hacer una parada defensiva. Empodera a sus jugadores ayudando a todos los del equipo a entender por qué encajan todos y lo crucial que es su ética de trabajo para el éxito del equipo.

Después de aclarar las tareas y responsabilidades, quiero que las personas con las que trabajo sientan el máximo nivel de libertad posible a la hora de hacer sus trabajos. ¿Por qué? Porque quiero que se responsabilicen por completo de sus tareas y responsabilidades. No solo quiero que mis empleados no teman que yo intente microgestionarlos, sino que quiero que sepan que espero que maximicen su ingenuidad y capacidad al crear estrategias y soluciones para llevar a cabo sus responsabilidades con excelencia. Quiero que escuchen sus propias voces, ideas y perspectivas en nuestra toma de decisiones. Los contraté no tan solo para cumplir con una tarea sino para buscar maneras en las que nuestra compañía sea más eficiente a la hora de llevar a cabo su propósito.

Sin embargo, aunque me niego a ser un líder que microgestiona, también me niego a ser un líder ausente. Quiero que las personas con las que trabajo sepan que tienen mi apoyo y respaldo totales al trabajar duro y mantener su compromiso con la compañía de ayudarla a mantener su compromiso con nuestros clientes. En nuestra reunión semanal de operaciones, y en las reuniones individuales semanales, ofrezco este apoyo de dos formas principales: dando retroalimentación y haciendo esta poderosa pregunta, "¿Qué necesitas?" El hecho de asegurarme de que las necesidades de mi equipo están suplidas -logística, psicológica y relacionalmente- es esencial a la hora de empoderarlos. Como dice Ken Blanchard, "Responder ante las necesidades de tu gente les hace libres para ser responsables (capaces de responder) a la hora de terminar el trabajo"[5].

Por último, requiero de mi equipo que me ofrezca resultados. Me aseguro de que el marcador que mide el progreso hacia nuestra meta tanto individual como de equipo esté claro, y los responsabilizo de los resultados. Blanchard también dice, "El empoderamiento significa que las personas tienen libertad para actuar. También significa que son responsables de los resultados"[6]. Como aprendí del tío Lew y de papá Will, tener líderes no requiere algo de ti porque creen en ti y eso no es opresivo, mas bien honra y empodera. Nos llama e inspira a dar nuestro esfuerzo máximo para ejecutar nuestras tareas. Si los resultados no importan, el compromiso y el esfuerzo no importan. Esto no significa que requiera perfección, eso haría que todos experimentasen ansiedad y desilusión. Significa que requiero que mi gente siga arriesgándose, aprendiendo de sus errores y, por lo demás, demuestre su compromiso para con nuestro equipo y propósito.

PROTEGIENDO: CREANDO SEGURIDAD

Para terminar, los líderes honorables mantienen encendida la llama del propósito y administran las conexiones entre el propósito, las personas y la práctica en sus organizaciones protegiendo sus límites. La protección obviamente involucra todas las disciplinas para gestionar el riesgo, cosa que en mi negocio incluye vetar clientes, estudiar bien los proyectos antes de firmar los contratos, la gestión del dinero, la conformidad y seguridad en el trabajo, etc. Mi grupo de líderes más íntimos y yo protegemos a la compañía gestionando nuestro ritmo de crecimiento, seleccionando clientes y proyectos con un riesgo que nos resulte cómodo y dirigiendo nuestros proyectos a los mejores escenarios en los que todos salimos ganando, con un servicio puntual y excelente por nuestra parte y con acuerdos justos y puntuales por parte de nuestros clientes. Pero es igualmente

---

5 Ken Blanchar, *The Heart of a Leader* (Colorado Springs, CO: David C. Cook, 2007)

6 Ken Blanchar, *The Heart of a Leader* (Colorado Springs, CO: David C. Cook, 2007), 69

importante que protejamos la salud de nuestra cultura relacional interna.

En *Leaders Eat Last* (*Los Líderes Comen los Últimos*), Simon Sinek describe cómo los líderes saludables crean un "Círculo de Seguridad" en la cultura relacional de sus organizaciones:

> Los líderes débiles... extienden los beneficios del Círculo de Seguridad solo a los ejecutivos compañeros y a un puñado de escogidos más. Se cuidan los unos a los otros, pero no ofrecen la misma consideración a aquellos que están fuera de su "círculo íntimo". Sin la protección de nuestros líderes, todos los que están fuera del círculo íntimo se ven forzados a trabajar solos o en pequeñas tribus para proteger y conseguir sus propios intereses. Y al hacerlo, se forman silos, se atrinchera la política, los errores se cubren en vez de exponerse, la información se expande lentamente y la inquietud pronto reemplaza cualquier sentimiento de cooperación y seguridad.
>
> Los líderes fuertes, en contraste, extienden el Círculo de Seguridad para que incluya a cada persona que trabaja para la organización. La auto preservación es innecesaria y no es fácil que los feudos sobrevivan...Es fácil saber cuándo estamos en el Círculo de Seguridad porque lo podemos sentir. Nos sentimos valorados por nuestros compañeros y cuidados por nuestros superiores. Estamos completamente confiados en que los líderes de la organización y todos con los que trabajamos están ahí para nosotros y harán lo que puedan para ayudarnos a tener éxito. Nos convertimos en miembros del grupo. Tenemos un sentimiento de pertenencia[7].

Lo primero que debemos observar en esta descripción es que los líderes honorables se aseguran de que *cada persona* de su organización esté a salvo. Lo hacen de muchas formas, pero mencionaré dos en particular. La primera, son responsables de asegurarse de que se

---

7 Simon Sinek, *Leaders Eat Last: Why Some Teams Pull Together and Others Don't* (New York, NY: Penquin Publishing Group 2017) Edición Kindle, 28-29

aplican los mismos estándares y expectativas de comportamiento a cada persona. Las personas que están en la cima son tan responsables de ser respetuosos como los que están abajo. Nadie puede escaparse si no honra. Esta atención a la justicia no se trata tan solo de ecuanimidad; se trata de bajar el nivel de ansiedad y de proteger las relaciones. Como señala Sinek, cuando los líderes demuestran que se aplican las mismas normas y estándares a todos los miembros de la organización, se reduce el temor que conduce a los empleados a defenderse a sí mismos en exceso y a oponerse a los demás.

Recientemente, un amigo mío, que es propietario y director ejecutivo de un negocio de ventas con muchas sucursales, me contó una historia sobre uno de sus directores generales que había instituido una política brillante para resolver las disputas entre empleados. Como la mayoría de los negocios basados en comisiones, el nivel de competición interna es alto en su compañía. Es una práctica diaria que los vendedores se disputen a sus clientes al entrar en la tienda y, como es normal, a menudo no están de acuerdo sobre quién habló primero con el cliente, a quién le pertenecía y, en general, de quién es la comisión. Cuando se levantan estas disputas, el personal de ventas traen sus problemas al director de ventas, que organiza los detalles y después los lleva al director general. La política de este director general en particular es que el director de ventas no puede usar *nombres* cuando explica las disputas. Solo quiere escuchar los hechos del desacuerdo y después toma una decisión basándose en los hechos y en la política de la compañía.

Después de que el director general hubo instituido esta política, la cantidad de desacuerdos entre empleados de esta tienda disminuyó de manera significativa. Pronto, la dirección general de todas las tiendas se dio cuenta de que el porcentaje general de disputas estaba disminuyendo, y redirigió su causa a la poca cantidad de disputas que había en esta sucursal en particular. Curiosos por la evidencia de una moral mejorada, empezaron a investigar y se enteraron del estilo de resolución de disputas que tenía este director general. Llegaron a la conclusión de que ya que todos los empleados sabían que sus apelaciones serían revisadas sin favoritismos ni parcialidad, estaban adaptando su comportamiento y escogiendo resolver sus conflictos por su cuenta en vez de buscar un "rescatador" que viniera para defender a los unos de los otros.

El sabio director general estableció y protegió un límite saludable alrededor de su gente. Al ofrecer justicia para todos, bajó su nivel de ansiedad y los animó a ser personas poderosas que se vieran a sí mismas como un equipo cuyos miembros trabajaban juntos, en vez de ser competidores buscando su propio beneficio.

La otra cosa que hacen los líderes honorables para proteger el Círculo de Seguridad es fomentar una cultura saludable de rendición de cuentas y retroalimentación (las disciplinas de la gestión del riesgo relacional) por toda su organización.

Como vimos en el capítulo 7, una cultura saludable de retroalimentación se ve impulsada por la búsqueda de dicha retroalimentación. Este tipo de cultura en cualquier organización tiene que ser modelada e impulsada por el liderazgo ejecutivo. Como Stone y Heen observan:

> El impacto transformador del hecho de modelar es crucial... Si buscas recibir coaching, tus subalternos directos querrán coaching. Si te responsabilizas de tus errores, tus compañeros se verán animados a admitir los suyos también; si intentas hacer lo que un compañero te ha sugerido, ellos estarán más abiertos a intentarlo con tus sugerencias. Y este efecto de modelar se vuelve más importante al ascender en la organización. *Nada afecta a la cultura de aprendizaje de una compañía más que la capacidad con la que su equipo ejecutivo recibe la retroalimentación.* Y, por supuesto, al ascender, el coaching sincero se vuelve cada vez más escaso, así que tienes que trabajar duro para obtenerlo. Pero al hacerlo, creas el tono y la cultura organizacional de aprendizaje, de solución de problemas y de un rendimiento adaptativo alto[8].

De la misma manera, como apunta Patrick Lencioni, los líderes son los responsables finales de fomentar una cultura de rendición de cuentas saludable entre compañeros:

---

8 Stone y Heen, *Thanks for the Feedback*, 10; énfasis mío

De manera irónica, para que la rendición de cuentas entre compañeros se convierta en parte de la cultura de un equipo, tiene que ser modelada por el líder. Es así. Aunque he dicho con anterioridad que el mejor tipo de rendición de cuentas es la llevada a cabo entre compañeros, la clave para hacer que esto se constituya es que el líder del equipo esté dispuesto a hacer algo que yo llamo "entrar en la zona de peligro" cuando alguien necesite ser amonestado por su comportamiento o rendimiento. Eso significa estar dispuesto a meterse en medio de un asunto difícil y recordar a los miembros individuales del equipo su responsabilidad, tanto en su comportamiento como en sus resultados[9].

Como ya he mencionado, siempre ha sido mi meta liderar creando una cultura de retroalimentación y rendición de cuentas saludables por toda mi compañía, y he hecho lo mejor que he podido para asegurarme de que mis empleados de campo se sientan empoderados para enviar la retroalimentación cauce arriba hasta la oficina central. Hace unos años, empezamos a escuchar retroalimentación de nuestros empleados de campo de que su superintendente estaba creando una peña con sus amigos. Los que estaban fueran de este círculo íntimo, o se les hacía de lado o se les enviaba a efectuar tareas que estaban por debajo de su capacidad, que ellos interpretaban como un juego de poder dirigido a enseñarles quién era el jefe.

Al escuchar la muestra de falta de honor de este hombre hacia sus equipos me sorprendí. Solo le había visto comportándose de manera respetuosa con nuestro equipo y había escuchado retroalimentación positiva de parte de muchos clientes que decían que les había servido con honor y con una gran actitud.

Sin embargo, después de escuchar la retroalimentación de los trabajadores, confronté al superintendente con lo que había estado escuchando en una de nuestras reuniones de operaciones. Respondió diciendo que no sabía de qué estaba hablando. Cuando le presioné más, argumentó que si se terminaban los trabajos a tiempo y según el presupuesto acordado y el cliente estaba contento, la forma en la que tratase a sus trabajadores y equipos debería ser irrelevante.

---

9 Lencioni, *Overcoming the Five Dysfunctions of a Team: A Field Guide*, 61-62

Hice una pausa para pensar cómo responder ante esta declaración tan transparente, que revelaba con toda claridad que no estaba alineado con este valor principal de nuestra compañía. Después le pregunté, "¿Te tratamos con honor y respeto?"

"Por supuesto que lo hacen", dijo. "Por eso me encanta trabajar aquí".

"Así pues, ¿quién te ha dado permiso para tratar a cualquiera de esta compañía con falta de respeto?" pregunté.

El superintendente me miró estupefacto. Seguía sin entender de lo que estaba hablando y por qué esto era un problema. En su experiencia en el mundo de la construcción, el jefe era el jefe, y cualquier forma de lenguaje sucio o irrespetuoso hacia los demás era un medio para un fin: que se terminase el trabajo a tiempo y dentro del presupuesto fijado.

Después expliqué que mi deseo y expectativa era que protegiese el negocio tratando a todos los de la compañía con el mismo honor y respeto que recibía de nuestro equipo ejecutivo. Nos llevó tiempo terminar entendiendo lo mismo, pero con el tiempo se concienció de su actitud irrespetuosa y empezó a arreglar su actuación con sus capataces y trabajadores. Me enorgullecí de verle escoger adaptarse a nuestra cultura y descubrir que liderar sus equipos con honor termina produciendo un trabajo de equipo más cohesionado y con mejores resultados.

A veces, por supuesto, las personas escogen no adaptarse después de recibir retroalimentación y confrontación una y otra vez. En esos casos, y en cualquier otro caso en el que las personas demuestren más allá de toda duda que no juegan en equipo, el líder debe proteger la organización dejando que se vayan. Esta puede ser una decisión difícil de tomar, pero cualquier persona que no escuche a sus líderes o compañeros y se niegue a llevar la antorcha por las personas, por el propósito y por la práctica de la compañía es un lastre tóxico.

A veces la persona tóxica es un líder. En *Venciendo las Cinco Disfunciones de un Equipo*, Patrick Lencioni comparte un anécdota sobre una compañía que descubrió que uno de sus ejecutivos estaba más comprometido en proteger sus propios intereses que en servir al equipo:

Los productos de un cliente se estaban volviendo obsoletos, y el director ejecutivo anunció a su equipo que tendrían que centrarse en la innovación para prevenir un inminente problema de ingresos. El científico jefe de la compañía, cuya tarea era llevar la investigación y el desarrollo, parecía estar menos que ilusionado con el encargo. Cuando se le presionó, terminó admitiendo, "No me pagan lo suficiente como para innovar. Quiero que me paguen derechos de autor por lo que invente"[10].

Al final, el director ejecutivo protegió a su organización permitiendo que este ejecutivo se fuera. Esta decisión es difícil de tomar, pero a veces es necesario tomarla para mantener una cultura de seguridad en un negocio u organización.

EL CORAZÓN DEL PADRE

En algún punto después de empezar a viajar con Danny para ministrar y aconsejar, empezó a decirme, "Sabes, Bob, tienes un gran corazón de padre". No sabía qué quería decir con eso, pero lo recibí en general como un alago. Después, en el transcurso de las conversaciones que nos llevó a escribir este libro juntos, empecé a preguntarle más cosas sobre lo que quería decir con lo de "ser padre" y "ser madre" especialmente en su aplicación en los negocios. Confesé que nunca había utilizado términos como "padre" o "madre" con mis empleados ni entre compañeros de negocios, prefiriendo utilizar, mas bien, "líder", "coach" o "mentor".

"Si utilizamos 'padre' o 'madre', entonces ¿no se vuelve un poco raro si tenemos que prescindir de alguien?" pregunté. "No puedes echar a tus propios hijos".

"Bueno, a veces las personas 'echan' a las personas en sus vidas personales", observó Danny. "Solo que no utilizan ese término. Pero el problema con el hecho de utilizar 'mentor' o 'coach' es que no suele haber la misma expectativa para un coach o mentor de comprometerse

---

10 Llencioni, *Overcoming the Five Dysfunctions of a Team*, 74

personalmente en el crecimiento y éxito de otra persona. Como padre, estoy completamente comprometido con mi hijo y su futuro. Estoy dispuesto a sacrificar los recursos y fortalezas de mi vida para que ellos alcancen su potencial y prosperen. ¿Hay padres que no se sacrifican por sus hijos? Por supuesto. Pero todos reconocemos eso como una violación más clara de su labor que cuando líderes de empresas no lideran con un amor sacrificado".

Al estar yo luchando con esas palabras, Danny añadió, "El verdadero asunto aquí es el corazón del Padre. Ya sea que los llamemos mentores, coaches, madres, padres, o sencillamente líderes honorables, lo que es importante es que han manifestado el corazón del Padre hacia las personas, como lo hizo Jesús. Ponen sus vidas por los demás. Llevan la cultura relacional del cielo que existe para amar y servir a las personas y ayudarlas a vivir plenamente".

Bueno, esa era una declaración con la que estaba totalmente de acuerdo. También me ayudó a entender por qué Danny prefiere hablar de "padres" y "madres" en el liderazgo, y lo que quiso decir cuando me llamó padre. Desde mis primeros años en el negocio, aun cuando me quedaba mucho por aprender sobre caminar en mi identidad como hijo, quería invertir mi vida en las personas. Lauren y nuestros hijos siempre han estado y estarán los primeros, pero mi oficina también es un hogar en el que mi corazón no está solo en ayudar a que las personas florezcan, sino también, dicho de manera sencilla, para disfrutar de quién son como seres humanos (al igual que lo hago con Lauren y con cada uno de mis hijos). Mi deseo más profundo para mi compañía siempre fue crear un equipo en el que yo pudiera liderar y a la vez ser "uno más", donde no tuviera que liderar desde la distancia sino en un círculo de conexiones cercanas.

Creo que el Padre quiere liderar a las personas de la misma manera: no desde una posición distante y autoritaria, sino desde una posición de amor y una profunda conexión. A diferencia de muchas ideas y representaciones equivocadas que hay ahí fuera, a Dios de verdad le gusta la gente. Creo que nos creó para que disfrutemos de Él y los unos de los otros. Se deleita en nosotros como un buen padre se deleita en sus hijos. Está fielmente entregado a nosotros. Él es el máximo lugar seguro. Y ya que nos ama, Su mayor deseo para nosotros es que experimentemos y disfrutemos de los beneficios de una conexión de amor con Él y con los demás, ser uno de la familia y sentirnos en casa con Él.

La llama del propósito que arde en el corazón de cada líder honorable termina viniendo del corazón del Padre. No es nada inferior al fuego de Su amor sobrenatural. Ahora bien, creo totalmente en la gracia común y en la capacidad de las personas de reconocer y practicar los principios del honor en algún grado, aunque no conozcan al Padre. Hay muchos líderes honorables que se esfuerzan por ver y tratar a las personas con un alto nivel de valor porque saben que es lo correcto. Aunque no reconozcan que este conocimiento interno viene del Padre, llevan Su corazón al vivirlo. Pero también mantengo que llegar a conocer al Padre nos abre a conocer y a llevar Su corazón de forma exponencialmente mayor. Recibir Su Espíritu de adopción imparte una gracia a nuestro interior que nos empodera para discernir la altura, la profundidad, la anchura, la longitud de Su amor y llevar un amor al mundo que sobrepasa el mero amor humano.

Es este amor el que capacita a los líderes a devolver honor por deshonra, amabilidad por hostilidad, generosidad por egoísmo y perdón por ofensa -una y otra y otra y otra vez. Es este amor que lleva a los líderes a perseguir amistades profundas que mantengan el amor vivo. Es este amor el que los orienta a buscar personas a las que empoderar, especialmente líderes jóvenes que resurgirán con el mismo amor y crearán un nuevo suelo en el tejado de esos líderes. Este es el amor que los anima a "entrar en la zona de peligro" en situaciones relacionales difíciles y a luchar por conseguir la conexión en sus equipos. Es el amor del Padre que alimenta los corazones y hábitos de los líderes honorables y, a su vez, la cultura de honor que ellos crean.

Capítulo 10

RESTAURANDO EL HONOR

El 9 de enero, 2017, el entrenador de fútbol americano de Clemson, Dabo Swinney, llevó a su equipo a una victoria histórica contra los campeones nacionales hasta ese entonces, los Crimson Tide de la Universidad de Alabama, en el Campeonato Nacional de Fútbol de la NCAA. Después de ir perdiendo 14-0 en la primera mitad, Clemson se esforzó por sacar ventaja en el último cuarto para perderla rápidamente cuando Alabama hizo un touchdown poniendo el marcador en 31-28. Entonces, con tan solo un segundo de tiempo en el partido, el quarterback de Clemson, Deshaun Watson, conectó con el receptor, Hunter Renfrow, para marcar el touchdown que ganaría el partido.

En la entrevista que le hicieron con el canal ESPN después del partido, Swinney dijo:

> Solo Dios puede hacer esto. Tomar a un tipo como yo... y tener la oportunidad de ganar el campeonato nacional contra el mejor equipo del país en el último segundo del partido. Y ver cómo mis chicos pelearon y tan solo creyeron. Les he dicho esta noche... que la diferencia en el partido la iba a marcar el amor. Mi palabra durante todo este año ha sido "amor", y dije, "Esta noche vamos

a ganarlo porque nos amamos los unos a los otros... No sé cómo, pero vamos a ganarlo"[1].

He visto muchísimas entrevistas hechas al finalizar los partidos a lo largo de los años. Esta fue diferente. No hay muchos entrenadores que atribuyan sus victorias al amor. Es curioso, investigué un poco la carrera e historial de Swinney. Descubrí que su pasión por el fútbol se la había transmitido su padre durante su niñez, pero que su mundo se había derrumbado durante su época de instituto cuando su padre se entregó al alcohol para huir de la vergüenza de sus fracasos empresariales. Después de que su madre buscase el divorcio para escapar de la violencia doméstica de su esposo, la familia perdió su hogar cuando ejecutaron la hipoteca. Swinney pasó su último año de la secundaria yendo de casa en casa con su madre mientras ella luchaba por salir adelante.

A pesar del dolor y la pobreza de su hogar roto, desde joven Swinney constantemente demostró su deseo de luchar por las personas que amaba. Al poco después de ir a la Universidad de Alabama, invitó a su madre a que se mudara a un apartamento de dos habitaciones que compartía con su compañero de universidad. Aunque pobres, estaban agradecidos de tenerse el uno al otro ya que Dabo estaba esforzándose mucho por cumplir su sueño de jugar al fútbol para Alabama. Era uno de los dos extras que consiguieron entrar en el equipo durante el primer año y se convirtió en un contribuidor sólido, obteniendo una beca en su tercer año y empezando en el partido de 1993 de la Sugar Bowl, en el que Alabama ganó a Miami para así conseguir el campeonato nacional. También fue durante sus años en la universidad que entregó su vida a Cristo, después de escuchar el testimonio de otro futbolista en una reunión de Fellowship of Christian Athletes[2]. De la misma forma que ha sido valiente luchando por su lugar en el equipo de Alabama, ha seguido siendo osado a la hora de hablar sobre su fe.

---

1 "Emotiva entrevista de Dabo Swinney tras Clemson conseguir el título nacional", ESPN entrevista, enero 9, 2017, video, 2:29, https://www.youtube.com/watch?v=lPQoClYZR8M.

2 Rachel Baribeau, "La fe de Dabo Swinney's juega un gran papel en quién es", Enero 7, 2016, Gridiron Now, http://gridironnow.com/dabo-swinneys-faith-a-big-part-of-who-he-is/.

Junto con cuidar de su madre, Swinney se reconcilió con su padre para cuando se graduó de la universidad y le animó a que arreglara su vida. Con el tiempo, el padre de Swinney dejó de beber y volvió a entregar su vida al Señor. Antes de su muerte en 2007, pasó un verano viviendo con Dabo, disfrutando de "unos de los mejores momentos de sus vidas"[3].

Como entrenador de fútbol, Dabo también luchó por sus jugadores. Después de entrenar en Alabama durante varios años, se unió al personal de Clemson en 2003 y reemplazó al entrenador principal en 2008. El antiguo receptor de la NFL, Chansi Sutckey, era quarterback de reemplazo en Clemson cuando Swinney empezó a trabajar allí en 2003 y recuerda cómo impresionó al equipo desde el principio:

> Fue tras los muchachos desde el primer entrenamiento. Gritó, chilló y desafió a los muchachos. La cuestión con Dabo era que sabías que te amaba, y sabías que esa era la razón por la que te entrenaba de una manera tan dura. Tenía ese carisma. Me encontré queriendo estar cerca de él y no podía entender por qué. Observaba cómo tomaba muchachos normales y los convertía en muy buenos y a los muy buenos en excepcionales[4].

Stuckey, que ha seguido en contacto con su antiguo entrenador y ha observado de cerca su carrera en Clemson, dice que no le sorprende en absoluto el éxito que ha brindado al programa y lo atribuye a la forma peculiar que tiene Swinney de desafiar a sus jugadores para que trabajen más duro de lo que jamás lo hicieron para alcanzar la excelencia tanto dentro como fuera del campo:

---

3 Mark Schlabach, "Dabo Swinney venció el dolor y la pobreza para estar en la cúspide de la historia", ESPN.com, 7 de enero, 2017, http://www.espn.com/college-football/story/_/id/14519758/dabo-swinney-overcame-pain-poverty-reach-new-heights-clemson.

4 Chansi Stuckey, "Dabo Swinney Chilló y gritó y me convirtió en el receptor de la NFL", 21 de septiembre, 2017, https://sports.vice.com/en_us/article/qvjv37/dabo-swinney-yelled-and-screamed-and-turned-me-into-an-nfl-wide-receiver.

Dabo siempre lidera con amor y compasión. Esta es la razón por la que Clemson sigue ganando ahora y esa es la razón por la que los jugadores siguen jugando para él.

Cuando me corregía, algo que hacía a menudo, nunca llegué a pensar que fuese algo personal. Al conocerle más empezó a recordarme a mi padre (solo que mucho más ruidoso). Me estaba enseñando a ser un mejor hombre. El éxito en el fútbol, ya sea como receptor o como quarterback, es el resultado de ser una persona responsable, inteligente y digna de confianza. El hecho de entender esas cosas fuera del campo me ayudó en el campo. Creo que así es cómo empecé a verle como una figura paternal fuera del hogar y creo que eso es lo que ven los jugadores en él hoy. La autenticidad está ahí. Los muchachos que está reclutando ahora vienen de un lugar en el que todo el mundo quiere algo de ellos (ganar dinero, hacer el programa más vistoso, lo que sea). Creo que Dabo es un ente aparte porque está dispuesto a colocar el éxito de sus jugadores como personas por encima de los beneficios para el programa[5].

Hay dos cosas que me quedaron claras al leer estos relatos sobre Swinney. La primera es que su enfoque como entrenador y líder es un ejemplo claro de un liderazgo honorable. Los líderes honorables no solo tienen pasión por ganar, tienen pasión por desarrollar ganadores. Ven la grandeza en las personas y ven por qué el mundo necesita esa grandeza. Ven lo que está en juego a la hora de ayudar a las personas a ir más allá de la mediocridad y descubrir que tienen lo que se necesita para ganar (no solo en el campo de fútbol ni en la oficina, sino en la vida). Y el hecho de que crean en las personas los impulsa a derramar fortaleza en ellas; en el caso de Swinney, volviéndose ruidoso, cercano y personal al entrenar a sus jugadores en el más alto nivel de trabajo de equipo y maestría. Swinney tiene una gran reputación como reclutador y tengo que creer que esto no se debe tan solo a su capacidad de reconocer el talento en el fútbol. Los líderes honorables son grandes reclutadores porque lo que hacen por encima de todo es

---

5 Ibid

ganarse los corazones de las personas, no solo ofreciendo una posición, paga y prestigio, sino ofreciéndose a sí mismos. Están presentes y comprometidos. Como consecuencia, crean el impulso hacia algo de lo que las personas quieren formar parte, porque ven que está haciendo que la gente crezca y tenga éxito. Crean una cultura de honor, una cultura relacional en la que las personas forman conexiones basadas en el amor, en la que todo el mundo crece hacia la excelencia sirviendo y ofreciendo a los demás lo mejor de sí mismos.

La segunda conclusión a la que llegué después de leer la historia de Swinney fue que su pasión para con sus jugadores y la cultura que ayudó a establecer en Clemson debe estar conectada con su historia de restauración, con las decisiones que tomó cuando era joven sobre quién iba a ser y cómo iba a responder ante la pérdida y el dolor. Hubiera sido demasiado fácil para él caer bajo el mismo peso de vergüenza que aplastó a su padre durante un tiempo. En vez de eso, decidió perseguir con valentía las cosas que ardían en su corazón: conectar con su familia, jugar al deporte que amaba, honrar a Cristo, y derramarse en las vidas de atletas jóvenes. El resultado fue que participó en la restauración de su propio padre, se convirtió en un padre para muchos y está creando un legado de amor, excelencia y honor en la comunidad deportiva que enviará ondas de influencia por los años venideros.

UNA MENTALIDAD DE MAYORDOMÍA

La historia de S. Truett Cathy, fundador de la cadena de restaurantes de comida rápida Chick-fil-A, también presenta esta combinación de liderazgo honorable creado a través de un viaje de restauración. Al igual que Swinney, Cathy experimentó la pobreza en su juventud y creció con un padre que fue golpeado por dificultades financieras. Pero al igual que hizo el tío Lew por mí, Cathy tuvo otro hombre que entró en su vida y se comprometió con él como un padre saludable:

Tenía trece años cuando Dios trabajó por medio de Theo Abby, mi profesor de escuela dominical, para cambiar mi vida.

De una manera muy real, yo había sido "huérfano".

Mi padre estaba vivo. De hecho, estaba en casa cada noche y nunca lo vi apostando ni bebiendo ni siendo infiel a mi madre. Pero nunca me dijo, "Te amo". Y cuando necesitaba ayuda, como la vez que estaba enfermo una lluviosa mañana de domingo y tenía que entregar mis periódicos, sabía que ni siquiera debía pedirle ayuda. Al hacerme hombre, mi padre y yo nunca hablamos de los asuntos difíciles de la vida.

Entonces Theo Abby se convirtió en mi profesor y amigo. De vez en cuando visitaba el proyecto federal de viviendas en el que yo vivía para verme a mí y a otros muchachos de nuestra clase y nos invitaba a ir con él y su hijo Ted a su cabaña a la orilla del lago. Ahí modeló para Ted una relación amante padre-hijo[6].

Como respuesta a esta experiencia, Cathy empezó a entregarse a las vidas de jóvenes como profesor de escuela dominical y propietario de un restaurante mucho antes de empezar Chick-fil-A. A medida que su compañía crecía, siguió comprometido con edificar y proteger una cultura fundada en su convicción de que si pones primero a las personas y a los principios, los beneficios vendrán después. Pocos discutirían el hecho de que tuvo éxito a la hora de cumplir ese objetivo, y en pasar el testigo de su liderazgo a la próxima generación antes de morir en 2014. Su hijo, Dan Cathy, presidente de Chick-fil-A, ha seguido comprometido con la política de la empresa de una semana laboral de seis días (la compañía demostró hace mucho tiempo que mantenerse cerrados los domingos ayudaba, en vez de perjudicar, su fundamento), y su minucioso proceso de contratación que evalúa la personalidad, competencia y química del candidato para asegurarse de que coincide con la cultura y su estándar de "Servicio de la Segunda Milla" en cada restaurante, y a sus muchos esfuerzos filantrópicos dedicados a ayudar a desarrollar personas y familias saludables.

---

6 S. Truett Cathy, *It's Better to Build Boys Than Mend Men*, (Decatur, GA: Looking Glass Books, 2004), 10.

Chick-fil-A ha conseguido un éxito tremendo, se tome el estándar de negocios que se tome. La compañía ha experimentado más de un 10% de aumento en sus ventas casi cada año desde que se creó en 1967 y, en la actualidad, está a la cabeza de la industria de la comida rápida en ventas por restaurante. Lo que es aún más impresionante es que ha habido un 96% de retención de franquicias durante casi cincuenta años, y el personal corporativo ha permanecido fiel en un 95-97% durante ese mismo período. En mi opinión, estas cifras reflejan con claridad que las personas que llegan a trabajar para la compañía no solo han encontrado un gran empleo, sino que han encontrado el lugar al que pertenecen. Han encontrado una familia.

Es interesante que los estudios se han dado cuenta por fin de lo que Truett Cathy siempre entendió, que el factor "pertenencia" en la cultura de cualquier compañía no solo es bueno para las personas, sino también para el negocio. En un estudio llevado a cabo en 2016 de la pequeña y mediana empresa, la consultora Great Place to Work (Gran Lugar para Trabajar) descubrió que cinco de las diez respuestas más comunes asociadas con un mayor crecimiento de activos tenía que ver con una comunidad que se preocupa:

- Aquí las personas se preocupan las unas por las otras.
- La dirección contrata personal que encaja bien en este entorno.
- Puedes contar con que las personas cooperarán.
- Aquí hay un sentimiento de "familia" o de "equipo".
- Es un lugar divertido de trabajo.

"El hecho de ser una comunidad que se preocupe está valorado como más esencial para el crecimiento [en el estudio] que los aspectos corrientes tal como una estrategia de negocios clara, actividades de innovación y liderazgo competente", comentan los investigadores Ed Frauenheim y Shawn Murphy, "así que encontrar esta preocupación como ventaja competitiva es asombroso. Pero no completamente sorprendente... dada la colección creciente de datos sobre la importancia de la seguridad psicológica, la comunidad y el sentimiento de pertenencia. Está claro que los indicios que señalan a un futuro en el que las empresas mejor posicionadas para hacer a sus rivales besar el polvo son las que cultivan mejor el amor fraternal dentro de sus paredes"[7]. En el sector de la comida rápida, Chick-fil-A sigue demostrando que esto es así.

La declaración de propósito de Chick-fil-A es: "Glorificar a Dios siendo un mayordomo fiel de todo lo que se nos ha confiado y tener una influencia positiva en todos los que tienen contacto con Chick-fil-A". Dudo que haya muchas otras compañías grandes con la palabra "mayordomía" en su declaración de misión. En el capítulo 1 de este libro, dije que el honor se preocupa de ser mayordomo de nuestras relaciones con las personas. Dudé si debía utilizar este término, porque había dejado de ser un término popular siendo relegado a los círculos cristianos cuando hablan de las finanzas. Pero la mayordomía es una categoría única de relación y el hecho de vernos como mayordomos moldea de manera poderosa nuestros valores y comportamiento. Las personas que piensan, *Mi vida y todo lo que hay en ella son dones que Dios me ha confiado y soy responsable de gestionarlos bien y de traerle honor a Dios,* viven automáticamente con un sentimiento de profunda responsabilidad a la hora de tomar decisiones que protegen su relación con el Padre. Están centrados en entender Su corazón, valor y propósito por las cosas que Él les ha confiado.

Truett Cathy sabía que la cosa más importante sobre la que Dios quería que fuese mayordomo no era el dinero, sino las vidas de las personas. Las personas son lo que el Padre más valora, son lo que Él nos ha confiado y son por lo que quiere que nos preocupemos tal como Él hace. El éxito de Cathy a la hora de infundir esta mentalidad de mayordomía en cada aspecto de su organización es espectacular, especialmente porque es tan contrario, en tantos aspectos, a las culturas de negocios que le rodean. Hace ochenta años, ningún negocio hubiera recibido aplausos ni críticas por cerrar los domingos. Hoy, la única forma en la que todo un negocio de ocho mil millones de dólares siga adhiriéndose a esta política es porque su líder tuvo una valentía e integridad tremendas a la hora de honrar los principios con los que se había comprometido en relación con Dios.

---

7 Ed Frauenheim and Shawn Murphy, "Caring as Competitive Weapon," Great Place to Work (blog), 13 de enero, 2017, https://www.greatplacetowork.com/bloghttps://www.greatplacetowork.com/787-caring-as-competitive-weapon.

AMIGOS VALIENTES

Uno de los grandes honores de mi vida es tener amistades con hombres que han demostrado el mismo tipo de valentía, integridad y liderazgo honorable que leo en las historias de Dabo Swinney y Truett Cathy, pero de cerca, de manera que puedo ver cómo es a lo largo de los días, los meses y los años. El trabajo en progreso de ser buen mayordomo de las relaciones y de edificar una cultura relacional de honor en los negocios y en la vida casi nunca es glamuroso, sencillo ni fácil. Aunque no hay nada que satisfaga más que invertir en las personas, significa poner de muchas formas tu vida, y estos amigos siguen haciendo esto.

Tengo un amigo, John, que alcanzó el pináculo del éxito en Wall Street a mitad de la década de los 90. Trabajó en el comité ejecutivo de una firma de inversiones con más de 30.000 empleados y con la capitalización global más alta del mercado en su sector. Sin embargo, la atmósfera y la cultura de avaricia y soberbia de la compañía junto con la presión que sentía de sacrificar su tiempo para estar con su familia en el altar de su empleo le resultaron cada vez más turbadoras. Se había criado en una aldea pequeña de unas cincuenta personas y con un padre que estuvo mayormente ausente durante toda su vida. Tanto sus valores de aldea pequeña como su deseo de no repetir el ejemplo de su padre con sus propios hijos entraban en conflicto con la cultura de Wall Street, así que él y su esposa empezaron a orar y preguntar a Dios si debía seguir trabajando para esta compañía. Con el tiempo, decidió "jubilarse" de Wall Street y aceptar un puesto gestionando las operaciones que tenía la compañía en la costa oeste. Siguió formando parte de uno de sus comités más poderosos y haciendo viajes de manera regular a Nueva York. Desafortunadamente, pronto descubrió que aunque se había escapado del horario imposible y de la presión de la maquinaria de Wall Street, los demás aspectos de la cultura perjudicial de la compañía seguían vigentes en al oficina de la costa oeste.

El momento decisivo llegó para John cuando él y su esposa asistieron a una cena exclusiva de la compañía con ocho parejas más y el director ejecutivo del ático de Nueva York. Habían traído alimentos frescos de todas las partes del mundo para esta ocasión y cenaron utilizando una cubertería de oro macizo. Sin embargo, mi amigo descubrió que la arrogancia suprema que envolvía la conversación a la mesa era más de lo que podía soportar. Se fue esa noche habiendo tomado la resolución de jubilarse por completo de la compañía, cosa que hizo al poco tiempo. Se le dio un finiquito generoso de despedida y se liberó de sus acciones. (Resultó ser que, como un año después, la compañía se metió en problemas por algunas de sus prácticas y el precio de sus acciones y capitalización cayó a la mitad, así que el momento de su retirada le supuso un beneficio económico, al igual que espiritual y relacionalmente hablando).

John decidió simplificar su vida, centrándose en su creciente familia y reflexionando en los dones que Dios le había dado. Ahora es consultor para negocios y ONGs y está en el proceso de crear una compañía cuya meta es cambiar la cultura de los negocios desarrollando una forma más eficaz y honorable en la que la retroalimentación fluya honestamente entre clientes, empleados, y propietarios y líderes. Le admiro profundamente por su valentía al resistirse al canto de sirena del éxito del mundo y al luchar por un legado mejor, tanto para su familia como para su carrera. Está forjando una senda de honor para sus hijos y empleados que pocos hoy parecen dispuestos a escoger.

Otro amigo que me ha enseñado mucho sobre vivir y liderar con honor es, por supuesto, Danny Silk. Tal como él comparte en varios de sus libros, el padre de Danny se fue cuando él era joven y su madre trajo una serie de hombres a su hogar, algunos de los cuales eran abusivos, en una búsqueda infructuosa de un padre y proveedor para él y su hermano. Dios intervino en la vida de Danny cuando conoció a Bill Johnson, quien le presentó al Padre y a una cultura familiar radicalmente diferente a la que siempre había conocido. Danny y su esposa, Sheri, que también se crió en un hogar roto, decidieron valientemente caminar por el largo y difícil viaje de desarraigar la cultura relacional de huérfanos que ambos habían heredado y establecer en sus vidas un conjunto totalmente nuevo de creencias relacionales, valores y prácticas. Durante este proceso, Danny desarrolló lenguaje, herramientas y autoridad para enseñar y formar a otros para que hicieran lo que él y Sheri habían hecho en su propio matrimonio y familia. Fue Danny el que escogió el término "cultura de honor" para describir la cultura del cielo: una cultura en la que se da de uno mismo, del servicio y deleite que el Padre, Hijo y Espíritu Santo practican entre sí y en la cual quieren que participemos a través de nuestro nuevo pacto con Cristo. Dondequiera que Danny presente este concepto, tiene un impacto poderoso, porque expone con toda claridad la identidad de huérfano que tienen muchos creyentes y bajo la que han estado viviendo habiendo distorsionado su capacidad de conectar con el Padre y recibir Su amor. También expone hasta qué punto la manera en la que nos relacionamos con los demás se ve definida e influenciada por el temor en vez de por el amor y el honor.

Durante los últimos cinco años o más, he tenido el privilegio de invertir muchas horas conversando con Danny y viendo cómo interactúa con decenas de miles de personas y miles de líderes. Los que reciben su enseñanza sobre el honor reconocen que es un mensaje que ha estado anhelando su corazón. Les da esperanza para experimentar las conexiones de amor, libres de temor, con Dios y con los demás para las que saben que han sido creados pero en las que no han podido progresar a causa de una identidad de huérfano y una cultura relacional que aprendieron de pequeños. A la vez que hace esto, su mensaje los desafía hasta lo más íntimo. Aunque es un comunicador avezado con un brillante uso del humor y de la empatía para abrir los corazones de las personas a su mensaje, el estándar de amor, responsabilidad, perdón, rendición de cuentas, vulnerabilidad y valentía al que llama a las personas confronta de manera inherente y provoca incomodidad y hasta ofensa en muchas personas. Sin embargo, una y otra vez, observo cómo Danny entra en la "zona de peligro" y dice las cosas duras que las personas tienen que escuchar y les anima a mejorar. Lo hace porque de verdad cree que cada persona ha sido creada para ser una persona poderosa que ama como Dios lo hace y que llamarlos a algo inferior sería deshonroso. Gracias a sus muchos años de servicio a líderes, equipos de liderazgo, parejas, congregaciones, negocios e individuos por todo el mundo, las culturas relacionales de muchas iglesias, familias, negocios y organizaciones se están transformando con honor.

Lo que es más importante, Danny se pide el mismo estándar de falta de temor, responsabilidad y amor que él enseña. Junto con ser testigo de su sabiduría y empatía a la hora de ayudar a equipos de liderazgo, organizaciones y parejas a que solucionen situaciones relacionales extremadamente dolorosas, me he asombrado y humillado al ver cómo gestiona el conflicto y los asuntos que rompen el corazón en su propio círculo familiar y de amigos. Cada vez, él escoge ser honorable y poner la relación por encima del asunto en sí e ir tras la conexión, sin importar la situación tan difícil en la que esté la relación. De verdad que es un ejemplo de alguien que mantiene encendido su amor. (Propaganda descarada: Si no has leído el libro de Danny *Mantén Encendido Tu Amor*, te lo recomiendo encarecidamente. Sigue siendo el mejor libro que he leído sobre relaciones. Lo compro por cajas y se lo doy a cualquiera que viene a mí con un problema relacional).

VIENDO AL PADRE, MOSTRANDO AL PADRE

Cuando pienso en Dabo Swinney, Truett Cathhy, John, Danny y muchos otros hombres y mujeres que me inspiran con la forma en la que viven el honor, la palabra que me viene a la mente por encima de cualquier otra es *valentía*. Normalmente, asociamos esa palabra con los que sirven y protegen a la humanidad: los soldados desplegados en el campo de batalla, los emisarios de paz patrullando las calles de la ciudad, los bomberos que se apresuran a llegar a edificios en llamas, o los socorristas que salen nadando para rescatar a alguien que está en peligro. Aquellos que ponen sus vidas en peligro físico son ciertamente valientes a la hora de vencer su temor al dolor y a la muerte para cumplir con su obligación. Pero requiere un tipo de valentía diferente, aunque igualmente poderosa, para arriesgar diariamente nuestros corazones en relaciones y eso es lo que hacen las personas de honor. No hay ni uno de nosotros que no haya sufrido algún tipo de dolor relacional, un dolor que, a menudo, dura más que las heridas físicas, porque llega a lo más íntimo de nuestro ser. Las personas de honor se abren camino por el temor al rechazo, la vergüenza, el fracaso, la escasez, el conflicto y el castigo para poder amar, servir y crear conexiones con las personas. No solo demuestran tener corazón; sino que lo arriesgan.

Aunque no creo que tengas que venir de un hogar roto para aprender honor, sí que lo encuentro significativo, aunque no sorprendente, que tantas personas que admiro tanto por su valentía relacional -personas que considero campeones del honor- tienen una historia de pérdida relacional, trauma o disfunción en su pasado. Después de todo, no conozco ninguna otra forma en la que puedan nacer una gran visión y valentía que enfrentándose a grandes problemas y escogiendo creer y luchar por las soluciones. Para tomar esta decisión, cada campeón debe luchar una batalla interna, la batalla de descubrir quién son y que tienen lo necesario para ganar. Los hombres y las mujeres de honor que conozco son verdaderamente sorprendentes, porque en vez de convertirse en víctimas de sus dolorosas experiencias y de recrearlas en sus propias familias y organizaciones, escogen ser poderosos buscando sanidad y aprendiendo a vivir en salud relacional, no solo para ellos sino para muchos otros.

También me resulta significativo, aunque poco sorprendente, que cada uno de estos líderes honorables encontraron y conectaron con otras personas que practicaban el honor en puntos cruciales de sus vidas. Dabo Swinney encontró la Comunidad de Atletas Cristianos. Truett Cathy conoció a Theo Abby. John conoció y tuvo una relación de pacto con un grupo pequeño de familias. Danny conectó con Bill Johnson. Cada una de estas relaciones introdujo una realidad relacional nueva en sus vidas. Se encontraron con el corazón del Padre y éste les hizo que dejaran la senda de la orfandad en la que habían estado viajando para adentrarse en la senda que lleva a ser hijos y al honor.

El mensaje que leemos en las vidas de los líderes honorables es doble. En primer lugar, necesitamos encontrarnos con y recibir el corazón del Padre para con nosotros. Él es el que vuelve a escribir nuestra historia y el que nos da una identidad nueva, transformándonos de huérfanos a hijos e hijas. No hay nadie que esté tan roto que Su corazón no lo pueda sanar, no hay pasado tan deshonroso y doloroso que Él no pueda redimir. Tenemos que experimentar Su deleite y escuchar Sus palabras de aceptación, afirmación y aprobación sobre nuestras vidas. Tenemos que saber que Él nos ve con ojos de honor y nunca dejará de perseguir la conexión con nosotros, sin importar lo que hagamos. Si nunca has experimentado Su corazón por ti, pídele que se encuentre contigo. Será fiel a la hora de revelarse, especialmente a través de personas que han recibido Su corazón y han aprendido a llevarlo para beneficio de los demás.

En segundo lugar, tenemos que seguir con valentía en nuestro viaje para aprender a caminar en nuestra verdadera identidad y relación con el Padre para que podamos convertirnos para los demás en un encuentro con Su corazón. Cada persona honorable que conozco cree profundamente en el poder de impactar una vida, porque todos fueron una persona que fue impactada por otra. Hoy, ya que Dabo Swinney, Truett Cathy, John y Danny escogieron dar lo que recibieron a persona tras persona, los jugadores del equipo de fútbol de Clemson y la comunidad deportiva, los empleados, clientes y beneficiarios de Chick-fil-A, los miembros de la familia de John y de su compañía y los miles de personas que interactúan con Danny y los recursos de Loving on Purpose están recibiendo una muestra del corazón del Padre. No hay nada que este mundo desee más y no hay nada que los líderes honorables anhelen más que el hecho de que cada persona que impacten impacte a otros y se convierta en la respuesta al clamor del corazón del mundo.

NUESTRAS DOS ELECCIONES DE CORAZÓN

Al igual que Jesús, nuestra tarea principal en la vida es mostrar el Padre a las personas. Pero solo podemos hacer eso en la medida en la que le hayamos conocido e imitemos Su amor. Una de las victorias más poderosas que debemos ganar en este viaje del honor es tomar la decisión de perdonar y amar a los que nos hicieron el daño más profundo y ayudaron a plantar las mentiras de la identidad de huérfanos en nuestros corazones. Como dijo Jesús, nos volvemos como el Padre cuando aprendemos a amar, bendecir y hacer el bien a los que nos odian y maldicen. Así es cómo ve el mundo que somos verdaderamente Sus hijos[8].

De entre todas las cosas que he hecho para construir un legado mejor para mi familia y negocio a lo largo de los años, tal vez no haya ninguna más importante que mi decisión de caminar en la senda de la reconciliación con mi padre antes de que muriera. Después de soportar una relación tirante con mi padre durante años -en realidad, durante toda mi vida- finalmente le pedí que trabajásemos en los problemas de nuestra relación al principio de mi cuarta década. De manera gradual,

---

8 Ver Mateo 5:43-48

empezamos a hablar por teléfono a medida que nuestra comunicación progresaba y con el tiempo empezamos a vernos. Muchas de estas conversaciones fueron muy duras, en una de ellas llegué a admitir que, a veces, había deseado que él estuviese muerto porque estaba tan cansado y frustrado por llevar este dolor inconcluso de nuestra relación desconectada. Pero lo importante es que no nos cansamos de ser honestos, de perdonar y de luchar por una conexión. Unos diez años antes de que muriera en 2008, nos reconciliamos por completo y llegamos a disfrutar el uno del otro, y él llegó a disfrutar de sus nietos. Fue un final sorprendente para ambos y me dejó con unos recuerdos suyos maravillosos. El amor prevaleció y escribió una historia mejor para nuestra familia y para todos los que estaban conectados con nosotros.

La conclusión para todos nosotros es que si queremos ser personas de honor, no debemos conformarnos con la desconexión como una norma en cualquiera de nuestras relaciones. La desconexión siempre lleva a la falta de honor. Muchas personas de negocios que conozco están viviendo aisladas y desconectadas de todos, incluidos ellos mismos. Otros han compartimentado sus vidas y están viviendo comprometidos con el despacho pero desconectados del hogar, o viceversa, ya que la desconexión se ha abierto camino y se sienten demasiado sobrecogidos o asustados como para intentar arreglarlo. Lo entiendo. Sé lo difícil que puede llegar a ser vencer el aislamiento y la desconexión. Pero negarse a pagar el precio y comprometerse a entregar todo nuestro corazón al trabajo de la conexión, aunque sea doloroso o dé miedo, conlleva un precio terrible. C. S. Lewis lo expresó mejor en *Los Cuatro Amores*:

Amar es ser vulnerable. Ama cualquier cosa y tu corazón se verá retorcido y, tal vez, roto. Si quieres asegurarte de mantenerlo intacto, no debes dárselo a nadie, ni siquiera a un animal. Envuélvelo cuidadosamente con hobbies y pequeños lujos; evita todo enredo; enciérralo de manera segura en el ataúd o féretro de tu egoísmo. Pero en ese ataúd -seguro, oscuro, sin movimiento, sin aire- cambiará. No se romperá; se volverá irrompible, impenetrable, irredimible[9].

---

9 C.S. Lewis, *Los Cuatro Amores* (Nueva York; Harcourt Brace, 1960), 21

Estas son, en realidad, nuestras únicas dos elecciones, en los negocios y en toda la vida. O escogemos vivir desde un corazón de amor y honor para Dios y para las personas, y escogemos con valentía la vulnerabilidad de estar presentes y entregarnos a nuestro trabajo, nuestro equipo, nuestra compañía y nuestra comunidad, o permitimos que el temor haga que nos retraigamos e intentemos protegernos cerrando nuestros corazones. Una vez más, no hay terreno neutral en este campo de batalla de la decisión. Conformarse es la muerte lenta para el corazón. Solo hay una forma de vivir con honor y mantener nuestros corazones vivos. Debemos escoger el amor y la conexión.

El verdadero corazón de los negocios es el corazón del Padre por Sus hijos. Quiere ver cómo florecemos al unirnos, crear conexiones poderosas y construir soluciones sorprendentes en un mundo lleno de problemas. Quiere que expresemos Su creatividad, compasión, excelencia y generosidad al servir y recibir los unos de los otros. Y en todo esto Él quiere que echemos el temor con el amor y el honor. Cuando hacemos negocios con este corazón, tenemos éxito.

EMPECEMOS A LIDERAR CON HONOR

En el espíritu de la valentía y de la vulnerabilidad, quiero terminar estas páginas admitiendo que el hecho de escribir este libro me ha desafiado a arriesgar y a conectar con mi propio corazón en un nivel más alto. Este proyecto empezó porque Danny vio algo en mí y me instó a desarrollarlo y quería honrarle a él y a nuestra amistad. No tenía ni idea de que requeriría que no solo compartiera mi historia, sino que creyera que las lecciones de mi viaje animarían y ayudarían a otras personas. Me enfrenté a muchos momentos incómodos al descubrir áreas de temor y de pensamiento de huérfano todavía existentes en lo profundo de mi corazón. Pero también descubrí algo mucho mejor: la belleza y el poder de las relaciones honorables en mi vida. Este libro es verdaderamente el producto de mi comunidad de miembros de mi familia, padres y amigos. Recordar las muchas formas en las que ma han amado, creído en mí, animado y honrado a lo largo de los años, y recibir su ánimo a través de este proyecto, me ha convencido que cada momento de mi viaje ha merecido la pena. Como resultado, siento que me he liberado aún más para amar a las personas de mi vida.

No hay nada que desee más para ti, y para cada lector de este libro, que poseas y disfrutes de las riquezas de las relaciones de honor en el trabajo y en cada área de la vida, especialmente si eres un líder. Si queremos liderar a las personas con honor, entonces tenemos que estar profundamente conectados con personas que nos aman, que creen lo mejor de nosotros, que nos desafían y que pelean con nosotros.

Y así, te dejo con un encargo final, el encargo que intento cumplir en mi propia vida:

Ya no eres un huérfano. Eres un hijo/hija de un Padre amante.

Es hora de responsabilizarse de la cultura relacional y legado que estás creando.

Es hora de dejar toda vergüenza, desconfianza, falta de poder y pensamientos de pobreza atrás, y de escoger la senda de ser valiente, vulnerable, confiado, poderoso y de pensar con una mentalidad saludable.

Es hora de empezar a cerrar el hueco entre el momento en el que estás en temor y el momento en el que escoges confiar en el Padre.

Niégate a aislarte y a desconectarte. Ve tras la conexión con todo lo que hay en ti.

Encuentra amigos valientes que te hagan las preguntas difíciles sobre tu corazón que tú tienes que responder. Practica "que vean en tu interior" y permite que estos amigos te conozcan.

Perdona a los que te han herido. Arregla lo que hiciste mal.
Escucha bien, sé humilde y adáptate para servir bien a las personas.
Sé poderoso al decir qué vas a hacer y hazlo.
Lidera con honor. Muestra al mundo quién es tu Padre.

SACANDO LO MEJOR DE TI Y DE LOS DEMÁS

PASO 1: MIRANDO EN EL ESPEJO

1.　*1.¿Cómo se te está dando mantener viva en ti la llama del propósito de honrar?* (Respuestas: a. Nunca b. A veces c. A menudo)

Tengo una declaración de propósito que describe la persona de honor que quiero ser, y la repaso a menudo.

a. ☐　　b. ☐　　c. ☐

Tengo amigos cercanos con los que me conecto semanalmente que comprueban la salud de mi corazón y relaciones..

a. ☐　　b. ☐　　c. ☐

Tengo una idea clara del legado que quiero dejar para las personas, tanto personal como profesionalmente, y estoy trabajando duro para conseguirlo.

a. ☐　　b. ☐　　c. ☐

Enfrento y restauro la desconexión relacional con rapidez y me esfuerzo en prevenirla.

a. ☐　　b. ☐　　c. ☐

Invito de manera activa a mis amigos cercanos y compañeros de equipo a confrontarme cuando ven señales de falta de honor o de desconexión en mí.

a. ☐   b. ☐   c. ☐

El descanso, la diversión y la recreación son parte de cada semana de mi vida.

a. ☐   b. ☐   c. ☐

Compruebo cómo estoy cuando he estado en modo rendimiento durante demasiado tiempo y necesito tomarme un descanso.

a. ☐   b. ☐   c. ☐

Compruebo cómo estoy cuando el trabajo se vuelve más una obligación que un asunto del corazón.

a. ☐   b. ☐   c. ☐

Compruebo cómo estoy cuando empiezo a evitar situaciones relacionales que tengo que enfrentar.

a. ☐   b. ☐   c. ☐

SEGUNDO PASO: MIRANDO POR LA VENTANA

1. *¿Cómo estás impactando a tu entorno con honor y construyendo un equipo saludable?* (Respuestas: a. Nunca b. A veces c. A menudo)

En mi equipo..

Se escucha la voz de todos y se tiene en consideración a la hora de tomar decisiones.

a. ☐   b. ☐   c. ☐

Las personas se sienten cómodas a la hora de compartir sus pensamientos, sentimientos y necesidades.

a. ☐   b. ☐   c. ☐

Las personas buscan lo mejor que hay en los demás.

a. ☐   b. ☐   c. ☐

Las personas se sienten cómodas desafiando y debatiendo las unas con las otras de manera respetuosa.

a. ☐   b. ☐   c. ☐

Las personas buscan entender y adaptarse a las diferencias de los demás.

a. ☐   b. ☐   c. ☐

Las personas aprecian la forma en la que nuestras diferencias fortalecen al equipo.

a. ☐   b. ☐   c. ☐

Las personas se divierten juntas.

a. ☐   b. ☐   c. ☐

Las personas, por norma general, son capaces de resolver el conflicto que se crea entre sí.

a. ☐   b. ☐   c. ☐

Las personas suelen buscar la retroalimentación de los demás.

a. ☐   b. ☐   c. ☐

Las personas celebran las victorias individuales como si fueran del equipo.

a. ☐   b. ☐   c. ☐

TERCER PASO: LLEVANDO LA ANTORCHA

1.   Medita y declara la declaración del propósito de honor.
Como líder honorable, mi corazón debe:

* Ayudar a mi equipo a recibir el amor del Padre, descubrir su verdadera identidad y verse a sí mismo y a los demás a través de los ojos del honor.
* Modelar la prioridad de ser buen mayordomo de las relaciones honrando mis compromisos relacionales y formando a mi equipo para que haga lo mismo.
* Empoderar a mi equipo para crecer en honor creando oportunidades, definiendo responsabilidades, respetando la libertad, ofreciendo apoyo y pidiendo resultados.
* Proteger a mi equipo buscando retroalimentación y practicando una confrontación de honor.

Liderar de manera consistente a mi equipo para que venza a la falta de honor cultivando el honor de las siguientes maneras:

» Escogiendo la conexión: intimidad saludable e interdependencia marcada por la confianza, la seguridad y el sentimiento de pertenencia.
» Practicando la comunicación asertiva: intercambiando la verdad en amor.
» Permaneciendo humildes y buscando una retroalimentación saludable.
» Estando dispuesto a mirar a los ojos a las verdades difíciles
» Practicando una rendición de cuentas saludable: confrontación entre compañeros en el espíritu de gentileza que restaura y protege la conexión.
» Cultivando la consecución de la excelencia marcada por un arriesgarse continuo, por aprender de los errores y por el ánimo.
» Responsabilizándose de los errores cometidos.
» Siendo generoso, sirviendo a los demás, protegiendo el "nosotros"
» Persiguiendo una visión y un legado a largo plazo.

PARA OBTENER UNA VERSIÓN EN PDF DE ESTA ACTIVACIÓN Y ACTIVACIONES Y RECURSOS ADICIONALES, POR FAVOR VISITAR WWW. BUSINESSOFHONOR.COM

BIOGRAFÍA DEL AUTOR

"Un Negocio de Honor *es un libro escrito tras el deseo de mi corazón. Lee este libro, aplica sus lecciones y serás un líder mejor".* **-Ken Blanchard,** coautor de *The New One Minute Manager* y coeditor de *Servant Leadership in Action.*

"Este verdaderamente brillante libro de negocios que se centra en la integridad en las relaciones...es de una ayuda tremenda.." **-Wm. Paul Young**, autor de *La Cabaña.*

El honor es el arte de gestionar bien las relaciones.
Los negocios tienen siempre que ver con las relaciones y cada día de trabajo nos presenta una elección: ¿Lucharemos por tener conexiones libres de temor con los miembros de nuestro equipo, empleados, comerciales y clientes para que obtengamos un éxito mutuo? O, ¿por defecto seguiremos protegiéndonos y sirivéndonos a nosotros mismos participando en una cultura relacional de desconexión? Esta es la elección entre el honor y la falta de honor, y fluye desde nuestros corazones y nuestras convicciones centrales sobre las personas. En *Un Negocio de Honor*, Bob Hasson y Danny Silk muestran el camino para vivir con un corazón de honor en los negocios, desde el hecho de recibir tu identidad hasta el de invertir en relaciones saludables y tomando la iniciativa para construir una cultura de honor en tu compañía u organización.

BOB HASSON es un hombre de negocios y consultor. Su mayor pasión es fortalecer a los líderes y sus organizaciones, centrándose en desarrollar una estructura organizacional sólida, responsabilidad fiscal y relaciones dinámicas en equipos de liderazgo. Como director ejecutivo de R.M. Hasson Painting Contractors, Inc., que fundó en 1978, estableció la compañía como socio de confianza que servía a contratistas por todo el oeste de los Estados Unidos. Durante más de treinta años, ha sido un consultor activo y miembro de consejos de iglesias, ministerios, ONGs y escuelas y muchos líderes y organizaciones han ido en busca de su sabiduría. Desde 2012, ha viajado por todo el mundo con Danny Silk como orador y consultor para Loving on Purpose. Lleva casado treinta años con su esposa, Lauren y es el orgulloso padre de David y su esposa Natthanit, Kyler, Isabella y Sophia.

DANNY SILK sirve en el Equipo Senior de Liderazgo de la Iglesia Bethel en Redding, California, y en Jesus Culture en Sacramento, California. Es el presidente y cofundador de Loving On Purpose, un ministerio mundial para las familias y las comunidades. Danny también es el autor de cinco libros que tratan los temas de construir relaciones exitosas, una cultura de honor y familias fuertes. Danny y Sheri se casaron en 1984 y tienen tres hijos y tres nietos.